Discursos no Instituto dos Advogados Brasileiros

Discurso no Colégio Anchieta

Ruy Barbosa

TEXTO INTEGRAL

2ª Edição

Os Objetivos, a Filosofia e a Missão da Editora Martin Claret

O principal Objetivo da MARTIN CLARET é continuar a desenvolver uma grande e poderosa empresa editorial brasileira, para melhor servir a seus leitores.

A Filosofia de trabalho da MARTIN CLARET consiste em criar, inovar, produzir e distribuir, sinergicamente, livros da melhor qualidade editorial e gráfica, para o maior número de leitores e por um preço economicamente acessível.

A Missão da MARTIN CLARET é conscientizar e motivar as pessoas a desenvolver e utilizar o seu pleno potencial espiritual, mental, emocional e social.

A MARTIN CLARET está empenhada em contribuir para a difusão da educação e da cultura, por meio da democratização do livro, usando todos os canais ortodoxos e heterodoxos de comercialização.

A MARTIN CLARET, em sua missão empresarial, acredita na verdadeira função do livro: o livro muda as pessoas.

A MARTIN CLARET, em sua vocação educacional, deseja, por meio do livro, claretizar, otimizar e iluminar a vida das pessoas.

Revolucione-se: leia mais para ser mais!

MARTIN CLARET

COLEÇÃO A OBRA-PRIMA DE CADA AUTOR

Discursos no Instituto dos Advogados Brasileiros

Discurso no Colégio Anchieta

Rui Barbosa

TEXTO INTEGRAL

MARTIN CLARET

CRÉDITOS

IDEALIZAÇÃO E COORDENAÇÃO
Martin Claret

CAPA
Ilustração
Marcellin Talbot

MIOLO
Revisão
Lucyana Rocha de O. Torchia
Marinice Argenta

Projeto Gráfico
José Duarte T. de Castro

Direção de Arte
José Duarte T. de Castro

Digitação
Graziella Gatti Leonardo

Editoração Eletrônica
Editora Martin Claret

Fotolitos da Capa
OESP

Papel
Off-Set, 70g/m²

Impressão e Acabamento
Paulus Gráfica

Editora Martin Claret Ltda. – Rua Alegrete, 62 – Bairro Sumaré
CEP: 01254-010 – São Paulo – SP
Tel.: (0xx11) 3672-8144 – Fax: (0xx11) 3673-7146
www.martinclaret.com.br / editorial@martinclaret.com.br

Agradecemos a todos os nossos amigos e colaboradores — pessoas físicas e jurídicas — que deram as condições para que fosse possível a publicação deste livro.

Impresso em 2010.

A história do livro e a coleção "A Obra-Prima de Cada Autor"

MARTIN CLARET

Que é o livro? Para fins estatísticos, na década de 1960, a UNESCO considerou o livro "uma publicação impressa, não periódica, que consta de no mínimo 49 páginas, sem contar as capas".

O livro é um produto industrial.

Mas também é mais do que um simples produto. O primeiro conceito que deveríamos reter é o de que o livro como objeto é o veículo, o suporte de uma informação. O livro é uma das mais revolucionárias invenções do homem.

A *Enciclopédia Abril* (1972), publicada pelo editor e empresário Victor Civita, no verbete "livro" traz concisas e importantes informações sobre a história do livro. A seguir, transcrevemos alguns tópicos desse estudo didático sobre o livro.

O livro na Antiguidade

Antes mesmo que o homem pensasse em utilizar determinados materiais para escrever (como, por exemplo, fibras vegetais e tecidos), as bibliotecas da Antiguidade estavam repletas de textos gravados em tabuinhas de barro cozido. Eram os primeiros "livros", depois progressivamente modificados até chegar a ser feitos — em grandes tiragens — em papel impresso mecanicamente, proporcionando facilidade de leitura e transporte. Com eles, tornou-se possível, em todas as épocas, transmitir fatos, acontecimentos históricos, descobertas, tratados, códigos ou apenas entretenimento.

Como sua fabricação, a função do livro sofreu enormes modificações dentro das mais diversas sociedades, a ponto de constituir uma mercadoria especial, com técnica, intenção e utilização determinadas. No moderno movimento editorial das chamadas sociedades de consumo, o livro pode ser considerado uma mercadoria cultural, com maior ou menor significado no contexto socioeconômico em que é publicado. Como mercadoria, pode ser comprado, vendido ou trocado. Isso não ocorre, porém, com sua função intrínseca, insubstituível: pode-se dizer que o livro é essencialmente um instrumento cultural de difusão de idéias, transmissão de conceitos, documentação (inclusive fotográfica e iconográfica), entretenimento ou ainda de condensação e acumulação do conhecimento. A palavra escrita venceu o tempo, e o livro conquistou o espaço. Teoricamente, toda a humanidade pode ser atingida por textos que difundem idéias que vão de Sócrates e Horácio a Sartre e McLuhan, de Adolf Hitler a Karl Marx.

Espelho da sociedade

A história do livro confunde-se, em muitos aspectos, com a história da humanidade. Sempre que escolhem frases e temas, e transmitem idéias e conceitos, os escritores estão elegendo o que consideram significativo no momento histórico e cultural que vivem. E assim, fornecem dados para a análise de sua sociedade. O conteúdo de um livro — aceito, discutido ou refutado socialmente — integra a estrutura intelectual dos grupos sociais.

Nos primeiros tempos, o escritor geralmente vivia em contato direto com seu público, que era formado por uns poucos letrados, já cientes das opiniões, idéias, imaginação e teses do autor, pela própria convivência que tinha com ele. Muitas vezes, mesmo antes de ser redigido o texto, as idéias nele contidas já haviam sido intensamente discutidas pelo escritor e parte de seus leitores. Nessa época, como em várias outras, não se pensava no enorme percentual de analfabetos. Até o século XV, o livro servia exclusivamente a uma pequena minoria de sábios e estudiosos que constituíam os círculos intelectuais (confinados aos mosteiros no início da Idade Média) e que tinham acesso às bibliotecas, cheias de manuscritos ricamente ilustrados.

Com o reflorescimento comercial europeu em fins do século XIV, burgueses e comerciantes passaram a integrar o mercado livreiro da época. A erudição laicizou-se, e o número de escritores aumentou, surgindo também as primeiras obras escritas em línguas que não o latim e o grego (reservadas aos textos clássicos e aos assuntos considerados dignos de atenção).

Nos séculos XVI e XVII, surgiram diversas literaturas nacionais, demonstrando, além do florescimento intelectual da época, que a população letrada dos países europeus estava mais capacitada a adquirir obras escritas.

Cultura e comércio

Com o desenvolvimento do sistema de impressão de Gutenberg, a Europa conseguiu dinamizar a fabricação de livros, imprimindo, em cinqüenta anos, cerca de vinte milhões de exemplares para uma população de quase cem milhões de habitantes, a maioria analfabeta. Para a época, isso significou enorme revolução, demonstrando que a imprensa só se tornou uma realidade diante da necessidade social de ler mais.

Impressos em papel, feitos em cadernos costurados e posteriormente encapados, os livros tornaram-se empreendimento cultural e comercial: os editores passaram logo a se preocupar com melhor apresentação e redução de preços. Tudo isso levou à comercialização do livro. E os livreiros baseavam-se no gosto do público para imprimir, sobretudo, obras religiosas, novelas, coleções de anedotas, manuais técnicos e receitas.

O percentual de leitores não cresceu na mesma proporção que a expansão demográfica mundial. Somente com as modificações socioculturais e econômicas do século XIX — quando o livro começou a ser utilizado também como meio de divulgação dessas modificações, e o conhecimento passou a significar uma conquista para o homem, que, segundo se acreditava, poderia ascender socialmente se lesse — houve um relativo aumento no número de leitores, sobretudo na França e na Inglaterra, onde alguns editores passaram a produzir, a preços baixos, obras completas de autores famosos. O livro era então interpretado como símbolo de liberdade, conseguida por conquistas culturais. Entretanto, na maioria dos países, não houve nenhuma grande modificação nos índices percentuais até o fim da Primeira Guerra Mundial (1914/18), quando surgiram as primeiras grandes tiragens de livros, principalmente romances, novelas e textos didáticos. O número elevado de cópias, além de baratear o preço da unidade, difundiu ainda mais a literatura. Mesmo assim, a maior parte da população de muitos países continuou distanciada, em parte porque o livro, em si, tinha sido durante muitos séculos considerado objeto raro, passível de ser adquirido somente por um pequeno número de eruditos. A grande massa da população mostrou maior receptividade aos jornais, periódicos e folhetins, mais dinâmicos e atualizados, além de acessíveis ao poder aquisitivo da grande maioria.

Mas isso não chegou a ameaçar o livro como símbolo cultural de difusão de idéias, como fariam, mais tarde, o rádio, o cinema e a televisão.

O advento das técnicas eletrônicas, o aperfeiçoamento dos métodos fotográficos e a pesquisa de materiais praticamente imperecíveis fazem alguns teóricos da comunicação de massa pensar em um futuro sem os livros tradicionais, com seu formato quadrado ou retangular, composto de folhas de papel, unidas umas às outras por um dos lados.

Seu conteúdo e suas mensagens, racionais ou emocionais, seriam transmitidos por outros meios, como, por exemplo, microfilmes e fitas gravadas.

A televisão transformaria o mundo inteiro em uma grande "aldeia" (como afirmou Marshall McLuhan), no momento em que todas as sociedades decretassem sua prioridade em relação aos textos escritos.

Mas a palavra escrita dificilmente deixaria de ser considerada uma das mais importantes heranças culturais, para todos os povos.

E no decurso de toda a sua evolução, o livro sempre pôde ser visto como objeto cultural (manuseável, com forma entendida e interpretada em função de valores plásticos) e símbolo cultural (dotado de conteúdo, entendido e interpretado em função de valores semânticos). As duas maneiras podem fundir-se no pensamento coletivo, como um conjunto orgânico (em que texto e arte se completam, como, por exemplo, em um livro de arte) ou apenas como um conjunto textual (no qual a mensagem escrita vem em primeiro lugar — em um livro de matemática, por exemplo).

A mensagem (racional, prática ou emocional) de um livro é sempre intelectual e pode ser revivida a cada momento.

O conteúdo, estático em si, dinamiza-se em função da assimilação das palavras pelo leitor, que pode discuti-las, reafirmá-las, negá-las ou transformá-las. Por isso, o livro pode ser considerado um instrumento cultural capaz de liberar informação, sons, imagens, sentimentos e idéias através do tempo e do espaço.

A quantidade e a qualidade das idéias colocadas em um texto podem ser aceitas por uma sociedade, ou por ela negadas, quando entram em choque com conceitos ou normas culturalmente admitidas.

Nas sociedades modernas, em que a classe média tende a considerar o livro como sinal de *status* e cultura (erudição), os compradores utilizam-no como símbolo mesmo, desvirtuando suas funções ao transformá-lo em livro-objeto.

Mas o livro é, antes de tudo, funcional — seu conteúdo é que lhe confere valor (como os livros das ciências, de filosofia, religião, artes, história e geografia, que representam cerca de 75% dos títulos publicados anualmente em todo o mundo).

O mundo lê mais

No século XX, o consumo e a produção de livros aumentaram progressivamente. Lançado logo após a Segunda Guerra Mundial (1939/45), quando uma das características principais da edição de um livro eram as capas entreteladas ou cartonadas, o livro de bolso constituiu um grande êxito comercial. As obras — sobretudo *best-sellers* publicados algum tempo antes em edições de luxo — passaram a ser impressas em rotativas, como as revistas, e distribuídas às bancas de jornal. Como as tiragens elevadas permitiam preços muito baixos, essas edições de bolso popularizaram-se e ganharam importância em todo o mundo.

Até 1950, existiam somente livros de bolso destinados a pessoas de baixo poder aquisitivo; a partir de 1955, desenvolveu-se a categoria do livro de bolso "de luxo". As características principais destes últimos eram a abundância de coleções — em 1964 havia mais de duzentas nos Estados Unidos — e a variedade de títulos, endereçados a um público intelectualmente mais refinado.

A essa diversificação das categorias adiciona-se a dos pontos-de-venda, que passaram a abranger, além das bancas de jornal, farmácias, lojas, livrarias, etc. Assim, nos Estados Unidos, o número de títulos publicados em edições de bolso chegou a 35 mil em 1969, representando quase 35% do total dos títulos editados.

Proposta da coleção "A Obra-Prima de Cada Autor"

A palavra "coleção" é uma palavra há muito tempo dicionarizada, e define o conjunto ou reunião de objetos da mesma natureza ou que têm qualquer relação entre si. Em um sentido editorial, significa o conjunto não-limitado de obras de autores diversos, publicado por uma mesma editora, sob um título geral indicativo de assunto ou área, para atendimento de segmentos definidos do mercado.

A coleção "A Obra-Prima de Cada Autor" corresponde plenamente à definição acima mencionada. Nosso principal objetivo é oferecer, em formato de bolso, a obra mais importante de cada autor, satisfazendo o leitor que procura qualidade.*

Desde os tempos mais remotos existiram coleções de livros. Em Nínive, em Pérgamo e na Anatólia existiam coleções de obras literárias de grande importância cultural. Mas nenhuma delas superou a célebre biblioteca de Alexandria, incendiada em 48 a.C. pelas legiões de Júlio César, quando estes arrasaram a cidade.

A coleção "A Obra-Prima de Cada Autor" é uma série de livros a ser composta de mais de 400 volumes, em formato de bolso, com preço altamente competitivo, e pode ser encontrada em centenas de pontos-de-venda. O critério de seleção dos títulos foi o já estabelecido pela tradição e pela crítica especializada. Em sua maioria, são obras de ficção e filosofia, embora possa haver textos sobre religião, poesia, política, psicologia e obras de auto-ajuda. Inauguram a coleção quatro textos clássicos: *Dom Casmurro*, de Machado de Assis; *O Príncipe*, de Maquiavel; *Mensagem*, de Fernando Pessoa e *O Lobo do Mar*, de Jack London.

Nossa proposta é fazer uma coleção quantitativamente aberta. A periodicidade é mensal. Editorialmente, sentimo-nos orgulhosos de poder oferecer a coleção "A Obra-Prima de Cada Autor" aos leitores brasileiros. Nós acreditamos na função do livro.

---

* Atendendo a sugestões de leitores, livreiros e professores, a partir de certo número da coleção, começamos a publicar, de alguns autores, outras obras além da sua obra-prima.

Discursos no Instituto dos Advogados Brasileiros

Apresentação

Devido à própria formação e às exigências do exercício profissional, a classe dos advogados sempre foi intransigente defensora da Liberdade. Em um dos discursos incluídos neste volume, o próprio Rui reconhece que "legalidade e liberdade são o oxigênio e o hidrogênio da nossa atmosfera profissional".

Entre nós, o resultado das eleições de 1910, que se seguiram à memorável Campanha Civilista, na qual Rui Barbosa disputou com Hermes da Fonseca a Presidência da República, desiludiu e frustrou grande parte da população. Esse resultado foi viva e documentadamente contestado pelo candidato derrotado, mas de nada valeram os argumentos nem mesmo os números por ele apresentados. Em 15 de novembro, de acordo com os hábitos e as normas que regiam a vida política do País na 1ª República, o Marechal era empossado na suprema magistratura da nação.

Assim, a eleição de Rui para o Instituto dos Advogados Brasileiros, nesse mesmo ano, e logo depois de divulgados os resultados da eleição, teve o sentido de um desagravo da classe ao grande expoente das letras jurídicas nacionais, como já salientou, com toda a procedência, o autorizado ruísta José Gomes Bezerra Câmara.

A julgar pelo que dizem os jornais da época, a posse, em 18 de maio de 1911, foi uma consagração. A solenidade teve lugar na sede do Instituto, que funcionava então no antigo prédio do Silogeu Brasileiro, no Passeio Público.

Saudado, entre outros, pelo eminente jurista Carvalho Mourão, o discurso, nessa oportunidade, proferido por Rui é um dos seus trabalhos mais belos e harmoniosos, cheio de confissões e ensinamentos por ele oferecidos à reflexão dos seus confrades brasileiros.

> Outra coisa não sou eu — dizia ele — se alguma coisa tenho sido, senão o mais irreconciliável inimigo do governo do mundo pela violência, o mais fervoroso predicante do governo do homem pelas leis.

E em outro trecho:

> O trato usual do Direito, o hábito do seu estudo, a influência penetrante da sua assimilação, nos acostumam a viver na razão, na lógica, na eqüidade, na moral, nos ensinam e predispõem a desprezar a força.

Foi nessa ocasião que fez o elogio do bacharel e da importância que teve na construção do arcabouço político do Brasil. E não apenas do bacharel, mas também do orador, porque

> a palavra é o instrumento irresistível da conquista da liberdade. Deixai-a livre, onde quer que seja, e o despotismo está morto.

Compreende-se, portanto, que essa peça oratória seja até hoje como a *Oração aos Moços*, uma de suas obras mais divulgadas. Há muito se encontra, porém, esgotada, e daí a oportunidade desta reedição.

Três anos mais tarde, em 19 de novembro de 1914, ao tomar posse como Presidente do mesmo Instituto, proferiu Rui outro importante discurso, no qual, com a sua autoridade de autor do Projeto da Carta de 1891, analisou o papel do Supremo Tribunal Federal na Constituição Brasileira.

Vários temas são aí discutidos com proficiência, brilho e apoio em exaustiva bibliografia, tais como as garantias constitucionais que cercam o nosso mais alto Tribunal, o confronto de seus poderes e atribuições com os da Suprema Corte americana, a doutrina constitucional francesa, etc. Por isso mesmo, é documento que, tal como o primeiro discurso, interessa muito aos advogados e a todos os cultores do Direito.

A Fundação Casa de Rui Barbosa, empenhada na divulgação dos trabalhos do seu Patrono (que o é, também, dos advogados brasileiros), sente-se honrada de participar desta co-edição, a ser creditada à alta compreensão do atual Presidente do IAB — Prof. Sérgio Ferraz.

Não fosse o seu empenho em, desde o primeiro instante, prestigiar esta iniciativa dando-lhe todo o apoio, provavelmente os leitores não teriam oportunidade de travar conhecimento, ou reler, duas das mais importantes contribuições de Rui Barbosa — até hoje perfeitamente atuais — ao pensamento jurídico nacional.

É justo, portanto, que aqui lhe deixemos consignados os nossos agradecimentos.

Rio de Janeiro, março de 1985.

Homero Senna
Diretor do Centro de Pesquisas

Posse, como sócio, no Instituto dos Advogados, em 18 de maio de 1911

Discurso

Sr. Presidente, Senhores.

Embora aflito, no meu coração, que de cuidados, este ano ainda me não permitiram voltar ao exercício da minha profissão habitual, nem sequer ao dos altos deveres do Congresso, tão urgentes agora, ser-me-ia impossível esquivar-me à data, que para hoje emprazastes, da minha recepção nesta Casa.

Admitido, vai para um ano, à lista dos vossos associados, como não me deixassem então vir assumir este lugar, no termo de espera fixado pelos vossos estatutos, as más condições da minha saúde e a agitação política, em que me achava envolvido, impetrei-vos a graça de me tolerardes a demora até que as circunstâncias me azassem ensejo favorável. Respondestes com a maior benevolência, comunicando-me, pelo digno órgão desta assembléia, que, para me exprimir o seu interesse em me ver entre os seus membros, deliberara ela unicamente dispensar nos seus estatutos, aguardando-me por tempo indeterminado. Cativo de tamanha gentileza, julguei-me obrigado a lhe corresponder, quanto em mim cabia, comprometendo-me a tomar assento este ano, assim que o Instituto encetasse os seus trabalhos. Quando me assinastes, pois, esta ocasião, tive que ceder sem resistência, e, apesar de todos os embaraços, venho-me desempenhar para convosco da palavra dada.

As honras de que me cercais neste momento, as assinaladas mostras de estima com que me acolheis, imprimem à cerimônia da minha iniciação aqui, um cunho de mavioso afeto, cujo carinho me associa à vossa comunhão pelos mais íntimos laços da alma. Por isso mesmo que bem sinto, conhecendo-me, quão estou longe de merecer tanto — essa generosidade se me antolha, não como a consagração de um valor pessoal, cuja ausência se está vendo, mas como o reflexo da exuberância de uma simpatia, difundida entre vós, pelas idéias dominantes na minha carreira pública, pela sua direção jurídica e liberal.

A perseverança, a coerência, a invariabilidade nessa direção, têm sido o único merecimento da minha vida. Toda ela se desdobra em um contínuo esforço, há mais de oito lustros, pela realização do pensamento que já me animava nos bancos acadêmicos, quando, em 1869, redigia, com Luís Gama e Américo de Campos, o *Radical Paulistano*; quando, nesse ano, por designação dos meus companheiros em convicções e esperanças, me aventurei a fazer a primeira conferência abolicionista, que se ouviu em São Paulo; quando, ainda então, na *Loja América*, me bati contra um dos meus lentes[1], venerável naquela casa, pelo projeto, de minha iniciativa, que firmou em compromisso entre os seus membros a liberdade geral dos filhos das escravas, dois anos depois convertida em instituição nacional pela Lei de 1871. A liberdade era a constituição atmosférica dessa auspiciosa quadra, em que entrávamos. Não havia grande mérito em exalarmos o ar sadio e forte, que estávamos respirando. Daí vem o que ainda hoje nos resta de oxigênio incorruto, nos pulmões anemizados por um ambiente de costa africana.

A cultura jurídica estabelece um círculo de preservação admirável, nestes períodos retrocessivos de indiferença, medo e sicofantismo, contra a infecção reinante. O trato usual do Direito, o hábito do seu estudo, a influência penetrante da sua assimilação, nos acostumam a viver na razão, na lógica, na eqüidade, na moral, nos ensinam e predispõem a desprezar a força. Quando esta se apodera de uma sociedade, e, sob a pressão do seu contato, a desmedula, a esvazia, a consome, a prostitui, a cadaveriza, cobrindo-a de vermes,

---

[1] Antônio Carlos de Andrada Machado e Silva, professor de Direito Comercial na Faculdade de Direito do Recife.

as associações do gênero da vossa abrem, aos refratários, um refúgio abençoado. E, se um dia após as longas tribulações desse gênero de tifismo, a coletividade em perigo emerge afinal, desmorrendo, recobra a consciência de si mesma, convalesce na inteligência, na energia, no asseio, na honra, então, nestes centros de reação persistente, é que ela vem encontrar o tabernáculo das tradições da sua dignidade.

Outras não devem ser as afinidades, que aproximam do meu o vosso espírito, e embebem a solenidade que nos une deste alvoroço, desta efusão, deste suave calor reconfortante. Vinte anos há que eu me mato, clamando aos meus concidadãos contra a imoralidade e a baixeza da força, apostolando-lhes a nobreza e a santidade da lei. Toda a existência do nosso regime se tem consumido nesse incessante conflito entre o princípio do bem e o do mal, com a prevalência, por derradeiro, do princípio do mal sobre o do bem. O meu papel, nessa fase histórica, espelha dia a dia esta luta. Outra coisa não sou seu, se alguma coisa tenho sido, senão o mais irreconciliável inimigo do governo do mundo pela violência, o mais fervoroso predicante do governo do homem pelas leis.

Se de algum modo mereci a fortuna da vossa eleição, decerto não foi senão por este. Os frutos da minha vida são escassos e tristes, bem que os seus ideais tenham sido grandes e belos. Muito é o bem a que tenho aspirado, mas o colhido, muito pouco. Não será, logo, pelo acervo dos resultados, que me teria feito digno do ingresso ao vosso consórcio. O que eu, aos vossos olhos, realmente valer, só se explicará, já se vê, pela excelência das convicções, que têm moldado o caráter da minha passagem por entre nossos contemporâneos e determinaram no meio deles a minha posição atual.

Duas profissões tenho amado sobre todas: a imprensa e a advocacia. Em uma e em outra me votei sempre à liberdade e ao Direito. Nem em uma nem em outra conheci jamais interesses, ou fiz distinção de amigos a inimigos, toda vez que se tratava de servir ao Direito ou à liberdade.

Sob o antigo regime e sob o de agora, duas causas, acima de todas, me absorveram e apaixonaram: a da instrução pública, no regime imperial; no republicano, a da justiça. Cada uma delas acaba de receber o seu golpe mortal. A da instrução pública, mediante o improviso de uma "lei orgânica" elaborada em uma secretaria de Estado e executada imediatamente, antes, sequer, de se levar ao conhecimento da legislatura[2]. Casos análogos de instantaneidade e subversão, não os conhece o mundo senão na história dos terremotos. É a eliminação radical do Poder Legislativo. É a reforma por catástrofe administrativa. É o milagre supremo no sistema das delegações entre poderes de autoridade indelegável.

O outro cataclismo foi o que varreu moralmente das nossas instituições o Poder Judiciário. Tanto importa, manifestamente, o ato do Governo que, em termos categóricos, negou execução a uma sentença judicial da nossa mais alta magistratura no caso do Conselho Municipal. Não obstante a abundância do arrazoado, em que esta sedição do poder contra a justiça arrasta a cauda roçagante da sua usurpação, o certo é que ela redunda na mais afoita derrocação do nosso mecanismo constitucional. Não seria esta a ocasião de o demonstrar. Mas, se algum crédito ainda me remanesce, da primazia que me coube na obra da Constituição atual, e se não imaginam aí haver eu esquecido as mais simples noções do sistema que nela encarnei, em nome da sua verdade elementar, direi que, ministro do Presidente da República, eu entenderia havê-lo traído referendando-lhe essa medida.

Acertou ele de vir a lume pelo *Diário Oficial*, no aniversário da Constituição vigente. Fortuita ou intencional, a coincidência ressabe à mais amarga ironia. Ironia ou da malícia de quem a engendrou, ou de um dos mais singulares caprichos do acaso. Porque, se ao Presidente da República assiste o direito de se insurgir contra um julgado, a título de que o Supremo Tribunal "exorbitou das atribuições que a Constituição e as leis lhe assinalam", como se diz abertamente na mensagem de 22 de fevereiro[3], então o regime americano está invertido no Brasil e substituído, neste pobre país, pela didatura do Poder Executivo.

---

[2] Refere-se Rui à Lei Orgânica do Ensino Superior e do Fundamental da República, de autoria de Rivadávia da Cunha Correia, Ministro da Justiça e Negócios Interiores do Governo Hermes da Fonseca e aprovada por decreto presidencial, nº 8.659, de 5 de abril de 1911.

[3] Trata-se da mensagem do Presidente Hermes Rodrigues da Fonseca, dirigida aos membros do Congresso Nacional, sobre o *habeas-corpus* concedido ao Conselho Municipal do Distrito Federal.

Este, ainda mesmo nas repúblicas européias e nas monarquias constitucionais daquele continente, onde a justiça não conhece da constitucionalidade das leis, não pode reagir contra as sentenças que averbarem de inconstitucionais ou ilegais os atos da administração. Até aí já se estendia a competência judicial sob a Monarquia. Os cidadãos podiam argüir de ilegalidade ou inconstitucionalidade, nos tribunais, os atos do governo do Imperador; e se os tribunais os reconheciam incursos em uma ou em outra, a decisão mantinha o Direito ofendido, autorizando a desobediência às medidas arbitrárias da Coroa.

O que sob a Constituição de 1891 lucrou em poder a justiça, não foi a atribuição de verificar a constitucionalidade nos atos do Poder Executivo: foi a de pronunciar a inconstitucionalidade nos atos do Congresso Nacional. Não era nenhum destes o que estava em jogo. Apenas se tratava de uma resolução do Governo. A autoridade contra quem este se rebela, é, portanto, a que os ministros de Sua Majestade não poderiam contestar à magistratura imperial.

Nenhum Chefe de Estado, presentemente, nos Estados Unidos, se animaria a esta temeridade. A ela foi arrastado Lincoln, há meio século, mas durante o grande eclipse da Constituição americana, quando, abalada a nação até os fundamentos pela maior guerra civil da história, o Presidente da República teve que assumir os poderes de um ditador romano, para salvar a União quase perdida.

Jackson constitui a outra das duas exceções à jurisprudência deste sistema, na República, onde ele teve o berço, e onde lhe estão os mestres. Mas, a teoria jacksoniana, que conta 80 anos de idade, não subordinava a interpretação presidencial à do Congresso: proclamava a sua independência, a um tempo, do Congresso e da judicatura.

O general americano era lógico. O marechal brasileiro não. Se as decisões constitucionais da justiça em último grau não obrigam aos outros dois poderes, entre estes dois poderes é que fica a autoridade suprema na interpretação constitucional. Ora, dada entre eles uma colisão de hermenêuticas opostas, a inteligência da Constituição terá de ser a conveniente ao mais forte.

Mas este, em um regime onde o corpo legislativo não atua sobre os ministros, em um país onde a nação de fato não elege o corpo legislativo, será, necessariamente, o governo. De modo que não há meio-termo: ou o árbitro supremo do nosso Direito Constitucional é o Supremo Tribunal da União, ou essa posição oracular, disputada entre os dois poderes políticos, acabará por se imergir de todo em todo no Executivo. Transpostos assim os termos do regime, senhores, a Constituição da República é o seu Presidente.

Para dar a essa espúria teoria um jeito de ciência e umas tinturas de origem americana, foram buscar, sem critério, entre os constitucionalistas da América do Norte, a famosa exceção dos casos políticos, aqui explora da toda a vez que se planeja desarmar a justiça contra os interesses das facções e os excessos dos governos. Certo, dos casos *meramente* políticos não julgam os tribunais. Mas o caso cessa de ser *meramente* político, desde que nele envolvam-se direitos legais de uma pessoa, de caráter privado ou público, judicialmente articulado contra outra. Porque *meramente* político é só o caso em que um dos poderes do Estado exerce uma função de todo o ponto discricionária; e não se pode ter como discricionária uma função, que encontra limites expressos em um direito legalmente definido.

Demais, senhores, toda essa algaravia, pretensiosa e oca, se desmancha ao contato de uma noção posta pelo senso comum ao alcance dos menos agudos engenhos. Realmente os casos políticos excluem a ação da justiça. *Mas quem define os casos políticos?* Precisamente a justiça mesma, e ninguém mais senão ela. É uma evidência esta, que resulta necessariamente da sua competência, inconcussa no regime, para negar execução às leis, onde lhes reconhecer o vício de inconstitucionalidade. Impor à justiça o dever de anular os atos inconstitucionais da legislatura e, ao mesmo tempo, admitir à legislatura o direito de concülcar, sob o pretexto de políticas, essas decisões da justiça, era burlar-lhe, pela mais grosseira das contradições, a autoridade, que tão solenemente se lhe proclama como a melhor invenção e a salvação única do regime, entregue, sem essa garantia, ao mais irresponsável dos absolutismos.

É no que paramos, no Brasil, e no que ficaremos, se a nossa apatia nacional deixar amadurecer nas suas terríveis conseqüências esta revolução do poder contra a nossa lei constitucional.

Juristas sois: não podeis ser insensíveis a este golpe de montante na cabeça do regime. Não era uma dessas façanhas imaginárias do braço de Roldão ou Oliveiros, com que nos distraía, nas primeiras leituras do colégio, a velha crônica de Carlos Magno. Era o aniquilamento do regime, ferido no mais vital dos seus órgãos. Estremecestes por ela, pela justiça aniquilada. Justiça e foro são irmãos. Levastes ao governo, digna, mas respeitosamente, a expressão do vosso pesar, a lição da vossa ciência, a reivindicação do nosso Direito incontestável.

Infelizmente, o protesto, pacífico e legal, endereçado pelas vossas consciências às alturas do poder, soou entre o coro dos lisonjeiros e o silêncio dos covardes, com voz importuna. Tanto pior, para os que não a souberam escutar com agradecimento. Os governos podem ser transviados aos mais ruinosos erros pelas paixões que os desvairam, ou pelas facções que os exploram. Se os anima a boa-fé, ouvirão com serenidade a crítica independente, e terão assim a porta aberta à salvação. Se, ao contrário, os assanha e desequilibra a censura, o melhor dos auxiliares do poder, quando sujeito às leis, é que se despenharam nos braços do demônio da soberba perdição de quantos lhe caem nas garras.

A manifestação do vosso desagrado ante a calamidade que esmagara a justiça brasileira, obedecia ao mesmo estrito e ao mais instante dos deveres da vossa generosa vocação. A ciência jurídica floresce nos ramos da justiça, alimentando-se da sua seiva. Não pode ser indiferente ao cair do machado na divina árvore, que a nutre.

O ato deste Instituto, que desgostou e indispôs contra vós os homens da atualidade, tem os mais memoráveis antecedentes na história da nossa profissão em todos os países livres. Por ofensas incomparavelmente menos sérias aos interesses da magistratura se têm agitado muitas vezes, nos Estados Unidos, as associações congêneres da nossa. Vede o que ali se deu sob a administração de Grant, quando o capricho da sua escolha, para uma cadeira na Suprema Corte, recaiu em um dos membros do seu gabinete, George H. Williams, que, no caráter de *attorney general*, era, digamos assim, o seu Ministro da Justiça.

Entre nós, avezados, como estamos, a ver a mais alta dignidade judiciária da União convertida em posto de acesso para os chefes de polícia, naturalmente seria cotada como sublime a nomeação para tal cargo, do Secretário de Estado, em quem o serviço administrativo da justiça tem o seu chefe. Não aconteceu assim naquela terra, onde o instinto do Direito está no sangue da raça, e pulsa no coração de todos com o fervor de um sentimento religioso. A mais importante associação de advogados americana, a *Bar Association*, de New York, levantou-se contra o nome designado. Pouco lhe importava ser o ato de um general, e general às direitas, general feito nos campos da batalha, herói na tremenda guerra que, oito anos antes, estivera a pique de espedaçar a União, e legítimo Presidente, sagrado realmente para essa magistratura pela nação, duas vezes sucessivas em duas eleições verdadeiras, da última das quais poucos meses havia que entrara no exercício do mandato.

Era um desacerto, e consultara mal os interesses da justiça. Pois não se havia mister de nada mais, para que o foro americano protestasse. Protestou mediante a *Bar Association of New York City*.

Considerando, ponderava a representação, "não ser esse cargo somenos, em dignidade, a nenhum outro no governo do país", desaprovavam os advogados americanos a nomeação expedida, e encarecidamente, *earnestly*, se opunham à sua confirmação pelo Senado, "por falecerem" (acentuavam os reclamantes) ao nomeado

> os requisitos de inteligência, madureza e fama, necessários à preservação da eminência do mais elevado tribunal nacional[4].

Sofreu, por esse motivo, a grande associação dos advogados alguma admoestação, direta ou indireta, do Governo? Mandou-lhe o *attorney general*, o Ministro da Justiça, exprimir de qualquer sorte o seu descontentamento? Bem ao contrário, o Presidente da República, ciente de que o Senado, onde aliás era de mais de dois terços de partidários seus a sua maioria, atendendo aos votos dos competentes, rejeitaria quase unanimemente a escolha de Williams, cedeu, cessando a nomeação.

Graves dificuldades continuaram a estorvar o provimento dessa vaga, em cuja história se está vendo quanto distam as normas, a que ali obedecem tais nomeações, do arbítrio e desleixo em que entre nós corre o exercício dessa função delicada pelas duas autoridades, a que nossa Constituição, como aquela, o confiou.

Antes de Williams, as preferências de Grant haviam designado a Conkling, eminente amigo de Kent (o grande comentador da Constituição) e de John Quincy Adams. Mas, argüido pela imprensa

---

[4] Rhodes, James Ford. *History of the United States from the Compromise of 1850 to the Final Restoration of Home Rule at the South in 1877.* New York, Macmillan Company, 1910, vol. VII — 1872-1877, p. 27.

independente, de, conquanto advogado notável, labutar mais na política militante do que no foro, Conkling declinou da oferta presidencial. Depois, retirando, como já vimos, a nomeação de Williams, o Presidente comunicou ao Senado que nomeara a Caleb Cushing, eminente jurista, que se elevara à primeira distinção entre os advogados americanos perante o Tribunal Arbitral de Genebra. Surgindo, porém, dúvidas quanto ao seu caráter, o Senado, apesar de quase todo ádito ao Governo, declarou-se resolvido a não lhe aprovar a escolha, que o Chefe do Estado, para evitar uma desautoração formal, se deu pressa em retratar. Foi então que lhe ocorreu o nome de Morrison Waite, jurista laureado no foro de Ohio, internacionalista notado no arbitramento de Genebra, estadista distinguido por unânime eleição com a presidência na convenção constituinte no seu Estado.

Três vezes se baldara, condenado pela opinião nacional e pelo próprio sentir de uma Câmara amiga, a escolha do Poder Executivo. Da quarta vez, afinal, obteve o acolhimento público e o voto do Senado. Todas essas individualidades rejeitadas, eram, entretanto, de marca bem alta. Nenhuma delas se inscrevia na classe das mediocridades servis, recomendadas unicamente pela sua docilidade aos empreiteiros de situações, ou ao Chefe de Estado.

A vacância assim provida — após esta série de tropeços era a de Chase, um dos magistrados que presidiram à Suprema Corte com mais fulgor. As circunstâncias em que se realizara a sua investidura nessa dignidade, debuxam um episódio caracteristicamente expressivo do contraste entre os costumes americanos e os nossos, no exercício, pelo Governo, dessa função, entre todas, melindrosa e sagrada.

Falecera na presidência daquele Tribunal o célebre Taney, o imediato a Marshall, na escala da grandeza e da fama entre os presidentes da Corte Suprema. Muitos jurisconsultos proeminentes na advocacia e na política lhe cobiçavam a sucessão. Entre eles, a todos sobressaía Chase, ex-Ministro do Tesouro no gabinete de Lincoln. Antes de aberta a vaga, este lha prometera mediante um dos seus amigos. Entre o compromisso, porém, e a morte de Taney, rompeu Chase com o Presidente, demitindo-se do Ministério da Fazenda, em um conflito que deixou vivamente ulcerado o ânimo de Lincoln. Perdendo a situação oficial, o grande ex-Ministro das Finanças estava, ao mesmo tempo, sob a iminência de ver a sua carreira inteiramente perdida. Era natural que o Presidente ofendido lhe desfechasse o golpe de misericórdia. Neste sentido manobravam os seus amigos. Mas a sua honestidade estava acima dos seus ressentimentos. Chase era, aos seus olhos, uma superioridade. "Entre todos os grandes homens que eu tenho visto", dizia Lincoln, "Chase vale um e meio de qualquer deles"[5], e este sentimento lhe sobrepujou no espírito a força das incompatibilidades pessoais que os separavam.

Eis aí como se procede, onde há, nos homens que governam, o temor da própria consciência e o respeito aos governados. O sentimento americano, sobre este ponto, recebeu expressão mais feliz nas palavras de Rufus Choate, em 1851, à Convenção Constitucional de Massachusetts: "Dai-me", exclamava ele,

> um juiz independente, íntegro, capaz, e pouco me importará depois, o como andar o resto da Constituição, ou o partido que ocupar o governo. O que sei eu, é que esse governo será liberal[6].

Não estamos na América do Norte, senhores, bem se vê. Mas, quando nos deram a Constituição atual, foi preconizando-a como transplantação leal do regime americano. Ora, nesse admirável organismo, o sistema nervoso central reside nos órgãos da justiça. Não se admirem, pois, de que uma corporação de juristas, mal-ajeitada aos artifícios da insinceridade política, tenha por dignos de imitação os exemplos dados à nossa inexperiência pela grande escola dos advogados americanos.

Ouvindo ultimamente certos oráculos do republicanismo, constitucionalismo e federalismo, com que nos afrontam *ore rotundo*, os apologistas de todas as bernardices do poder entre nós, tem-me lembrado uma anedota muitas vezes recontada entre os seus amigos por um venerando magistrado, muito caro parente meu[7], que findou a sua carreira judiciária, presidindo ao Supremo Tribunal de Justiça.

---

[5] Rhodes, James Ford, ob. cit., 1909, vol. V — 1864-1866, p. 45-6.

[6] *Apud* Alfred Nerincx. *L'Organisation Judiciaire aux États-Unis.* Paris, V. Giard & E. Brière, 1909, p. 417 (Bibliothèque Internationale de Droit Public).

[7] Albino José Barbosa de Oliveira.

Era nos primeiros anos do Segundo Império, quando mal agourava, no Brasil, em manifestações ainda embrionárias, a idéia federativa. Por essa época, não sei precisar quando, na capital da província onde nasci, discreteavam, certo dia, a uma esquina, dois patriotas sobre a acepção do vocábulo *federal*. "Você sabe", dizia um deles ao outro, "você sabe: eu sou federal. Lá isto sou: eu sou federal". — "Mas olhe, com franqueza, isso de ser federal, que vem a ser? Não me dirá?" Ao que, sem titubear, respondeu o outro, aprumado e lampeiro: — "Ora esta! Pois então não sabe você o que é ser federal? Nada mais claro. Imagine você que eu sou federal. Pois sou federal! Aí está".

Não tendo idéias tão claras nestes assuntos, como esse doutor em letras políticas, de cujo nome a posteridade, tão desagradecida, se esqueceu, abandonastes o caminho de pé posto, indicado pelos clássicos da terra, para vos tresmalhardes no encalço dos modelos, com que nos seduz a doutrina e a prática dos Estados Unidos. Ali, com efeito, esse Bryce, entre nós tão citado e tão mal lido, ocupando-se com a classe dos advogados, o *Bar*, como por lá se diz, põe em relevo a sua intervenção habitual e ponderosa no desenvolvimento moral e legislativo da nação, obstando, nas legislaturas à passagem de medidas ruins, "tolhendo amiúde as más nomeações para a magistratura"[8], fortalecendo o amor do povo à Constituição, e atuando nos juízes, quando estes entendem na solução das questões constitucionais.

Pela sua vasta influência, essa profissão tem sido, ordinariamente, muito poderosa nos Estados Unidos. "A política, na sua maior parte, lhe tem ido parar às mãos", diz o insigne expositor britânico das instituições americanas,

> e nela há de permanecer, enquanto as questões políticas continuarem a depender da interpretação das constituições. Durante os primeiros 60 ou 70 anos da República, os seus principais estadistas foram advogados, e eram, geralmente, os advogados os que moldavam e dirigiam a opinião nacional[9].

---

[8] Bryce, James. *The American Commonwealth*. London, Macmillan, 1888, vol. III — Public Opinion — Illustrations and Reflections Social Institutions, p. 379.

[9] Bryce, James, ob. cit., vol. I — The National Government, p. 355.

Dos 26 presidentes dos Estados Unidos quase metade foram advogados. Advogado John Adams, o sucessor de Washington. Advogado, Jefferson, que sucedeu a John Adams[10]. Advogado, John Quincy Adams, o sucessor de Monroe. Advogado, o próprio, Andrew Jackson, o famigerado general. Advogados Van Buren, Polk, Fillmore, Merce, Buchanan. Advogados Lincoln, Cleveland e, por último, Taft, o atual presidente, depois juiz e ministro, antes de suceder a Roosevelt.

Na Inglaterra é Bryce quem observa que a classe dos advogados "tem representado um papel só inferior ao da Igreja"[11]. Às suas fileiras se constelam com os mais refulgentes nomes da magistratura e do Parlamento britânico, desde Moore, Bacon e Coke, até Erskine, Pitt e Brougham. Ela deu, na França, à Constituinte os maiores gigantes da palavra, à Convenção os seus mais formidáveis ditadores, ao Diretório e ao Consulado vários dos seus poderosos membros, à Restauração os seus mais eminentes estadistas, e, na Monarquia de Julho, na Segunda República, no Império de Napoleão III, ao governo e à oposição os seus mais insignes oradores, os seus mais preclaros caracteres, os seus mais notáveis ministros[12].

Assim que, em todas as nações livres, os advogados são, por via de regra, a categoria de cidadãos, que mais poder e autoridade exercem[13]. "Em todos os governos livres", observa Tocqueville, "qualquer que seja a sua forma, encontraremos sempre os legistas no primeiro posto de todos os partidos". Vede a sua força na América do Norte: eles são a maioria, na maior parte das legislaturas dos Estados[14], e, no Congresso da União, constituem 53 por cento da totalidade dos seus membros. Adicionai a isso a magistratura estadual, com a magistratura federal, o seu número, o seu prestígio,

---

[10] Em Barbosa, Rui; *Novos Discursos e Conferências*, S. Paulo, Livr. Acadêmica, 1933, p. 300 está: "Henry Adams".

[11] Bryce, James, ob. cit., vol. III, p. 367.

[12] Cf. Zanardelli, Giuseppe. *L'Avvocatura*. Discorsi. 2 ed. Firenze, G. Barbèra, Editore, 1891, p. 51-9, 63-74.

[13] Cf. Forsyth, William. *Hortensius*. An Historical Essay on the Office and Duties of an Advocate. 3 ed. London, John Murray, 1879, p. 19.

[14] Cf. Bryce, James, ob. cit., vol. III, p. 378.

a sua autoridade indiscutida na anulação das leis inconstitucionais, o seu poder imenso na expansão do Direito Consuetudinário, a sua ação orgânica no desenvolvimento da Constituição viva, essa intitulada *Constituição não escrita*, e compreendereis por que essa democracia, educada no Direito, adstrita à legalidade e subordinada à justiça, pôde ser definida como um governo de juristas, uma aristocracia da toga[15].

Os governos arbitrários não se acomodam com a autonomia da toga, nem com a independência dos juristas, porque esses governos vivem rasteiramente da mediocridade, da adulação e da mentira, da injustiça, da crueldade e da desonra. A palavra os aborrece; porque a palavra é o instrumento irresistível da conquista da liberdade. Deixai-a livre, onde quer que seja, e o despotismo está morto. Por isso, os incapazes de a manejar e os incapazes de lhe resistir, acabam de lhe dar por labéu, entre nós, o apelido de néscio de bacharelismo. O bacharel, na ronha desse vocabulário, é o homem que sabe pensar, escrever e falar. Vede como bateram contra a fraseologia, e como a praticam esses inimigos da lógica e do Direito. Ninguém exerce como eles o sofisma, a confusão, a incontinência do fraseado. Somente no vasconço usual dessa logorréia, em que se enuncia o ódio aos oradores e se anuncia como cruzada salvadora a desbacharelização do país, falta a dialética, falta a cultura, falta o senso, falta o talento, falta o estilo, falta, em suma, todo o por onde se revela o poder do espírito e a consciência de uma idéia na linguagem humana.

Nessa pregação do obscurantismo, que se encetou no Brasil, há dois anos, sob a forma de "guerra aos preparados", para acabar, hoje, assumindo a de reformação geral do ensino, a desconfiança contra o saber se alia, germanadamente, ao horror da eloqüência. Puseram-lhe o nome de retórica, no intuito de a deprimir. Assim se abocanham sempre, entre os lábios virulentos da inveja, as maiores criações de Deus. Vede se escapa a esse trabalho da crítica pela alcunha o mesmo sol, "o grande putrefator".

Retórica ou eloqüência? Eloqüência é o privilégio divino da palavra na sua expressão mais fina, mais natural, mais bela. É a evidência alada, a inspiração resplandecente, a convicção eletrizada,

[15] Cf. Nerincx, Alfred, ob. cit., p. 159.

a verdade em erupção, em cachoeira, ou em oceano, com as transparências da onda, as surpresas do vento, os reflexos do céu e os descortinos do horizonte. Como o espírito do Senhor se librava sobre as águas, a sensação da iminência de um poder invisível paira sobre a tribuna ocupada por um verdadeiro orador. Abriu ele a boca! Já ninguém se engana com a corrente do fluido imponderável e maravilhoso, que se apodera das almas. É a espontaneidade, a sinceridade, a liberdade em ação.

Daí vai uma distância incomensurável à retórica, o esforço da arte por suprir a eloqüência nos que não a têm, a sua singeleza, a sua abundância, a sua luminosidade, a sua energia triunfal. Todos os grandes oradores se viram chamar retóricos pelos rivais impotentes da sua superioridade. De Atenas à Grã-Bretanha, de Roma à França, à Itália, à Hungria, à Alemanha; a eloqüência tem vibrado e dardejado nos lábios dos maiores homens de governo, os construtores de nacionalidades, os unificadores de impérios, os salvadores de constituições, os condutores de repúblicas e democracias, sem lhes desmerecer jamais a eles a valia de estadistas.

Péricles, Cícero, Mirabeau, Pitt, Gladstone, Cavour, Lincoln, Bismarck[16], Deak[17], Thiers, Gambetta, que foram todos esses Titãs do pensamento e da ação militante senão prodigiosas encarnações da palavra ao ser viço do gênio político? Vede a livre Grécia, a Inglaterra livre, a livre América do Norte, a França livre: outras tantas criações, antigas ou modernas, da tribuna. Sob essa potência eterna se fez a mãe das artes, a mãe dos parlamentos, a mãe das atuais democracias, a mãe das maiores reivindicações liberais. Na idade hodierna todas as grandes expansões do Direito, todos os grandes movimentos populares, todas as grandes transformações internacionais são maravilhas da sua influência universal. O próprio

---

[16] Cf. White, Andrew Dickson. *Autobiography*. London, Macmillan, 1905, vol. 1, p. 599: "I have known many clever speakers and some very poweful orators; but I Nave never known one capable, in the same degree [as Bismarck], of overwhelming his enemies and carrying his whole country with him".

[17] Cf. Laveleye, Émile de. *La Prusse et l'Autriche depuis Sadowa*. Paris, Librairie Hachette, 1870, t. II, p. 156-230.

Brasil, o Brasil parlamentar, o Brasil abolicionista, o Brasil republicano, que outra coisa não é, senão a obra dos seus homens de Estado, os quais eram, ao mesmo tempo, os seus jurisconsultos e os seus oradores?

Se abstraísseis deles em França, onde a Revolução Francesa, sem a Assembléia Constituinte, a Assembléia Legislativa e a Convenção? Se os eliminássemos da Inglaterra, onde o governo parlamentar? Varrei-os dos Estados Unidos, e tereis apagado a história americana, que é uma via-láctea de estrelas da palavra. Exclui-os do Piemonte e vereis sumir-se esse Parlamento de Turim, onde o verbo de Cavour, em 12 anos de lida tribunícia, assentou o laboratório da unidade nacional[18]. Suprimi-os, enfim, do Brasil, e tereis acabado com a atividade civilizadora do Império, a luminosa jurisprudência dos seus tribunais, os seus magníficos monumentos de codificação e educação liberal das classes cultas pela escola das suas assembléias, a conquista da emancipação pelos comícios populares, a organização da Monarquia e da República pelas nossas duas constituições. Tudo, tudo, benefícios do senso jurídico e do senso político, representados e desenvolvidos pela ciência dos nossos legistas e pelo influxo dos nossos parlamentares.

Eis o mal que têm causado à nossa pátria os advogados e os bacharéis.

Por que não exterminá-los?

Naturalmente que os hábitos de liberdade comuns à nossa classe e essenciais à nossa profissão colidem com a natureza, a moral e a segurança do poder irresponsável.

Com ele é incompossível a advocacia desde a Roma imperial, quando Cremúcio Cordo foi levado ao suicídio pelo novo e inaudito crime, *novo ac tunc primum audido crimine*, de haver aludido em termos de simpatia aos patriotas da República, louvando a Bruto e qualificando a Cássio como o derradeiro romano, *romanorum ultimum*[19].

---

[18] Cf. Rinaudo, Constanzo. *Il Risorgimento Italiano*. Torino, Tipografia Olivero E. C., 1910, vol. II, p. 498 (Scuola di Guerra).

[19] Cf. Tacitus, Cornelius. *Annalium ab Excessu Divi Augusti Libri. The Annals of Tacitus*. Edited by Henry Furneaux, with introduction and notes. Oxford, Clarendon Press, 1884, vol. I, IV, p. 483-4 (Clarendon Press Series).

O golpe de Estado que, na França, aparelhou a entronização de Bonaparte, consumou-se com a expulsão dos advogados: "Lancemos os advogados ao Sena", foram as palavras com que, no 18 brumário, se combinou, entre Napoleão e o General Lefebvre, a extinção do poder popular, da representação nacional. E quando, mais tarde, Cambacérès lhe submeteu o decreto de constituição da Ordem, reintegrando-a em algumas das suas franquezas, a aversão do Imperador aos juristas se desabafou no movimento de cólera, com que respondeu ao seu arquichanceler:

> Este decreto é absurdo; não nos deixa meio nenhum de os refrear, nenhuma ação sobre eles. Os advogados são facciosos, artífices de crimes e traições. Enquanto eu tiver uma espada à cinta, não firmarei nunca um tal decreto. Quero que se possa cortar a língua ao advogado, se dela usar contra o governo[20].

Eis as duas atitudes sociais frente a frente. De um lado, o regime que fazia anular, por meio de *senatusconsultos*, os veredictos do júri, desagradáveis ao trono; que multiplicava tribunais de exceção, cortes prevostais e comissões militares extraordinárias, para julgar fatos "não previstos nas leis penais"; que instituía a pena capital por simples decreto; que fuzilava, indefeso e injulgado, no fosso de Vincennes, o Duque d'Enghien. Do outro, os intrépidos patronos da legalidade, que se bateram, rosto a rosto, com o absolutismo napoleônico, por todas as vítimas das suas perseguições judiciais, desde Mlle. de Cicé até o General Moreau, que, em 1802, na Inglaterra, pela voz famosa de Mackintosh, no julgamento de Peltier, arrastando à presença de um júri britânico os feitos do vencedor da Europa, levantaram o processo dos crimes do Império a uma altura raras vezes igualada; que, enfim, no plebiscito de 1804, quando apurados na França 3.524.000 sufrágios, 3.521.000 se declaram pelo Império, apenas lhe deram *três* dentre os *duzentos* votos colhidos em Paris, no seio da Ordem dos Advogados.

As liberdades da França expiraram com as deles, quando a loucura jacobina mergulhou a Revolução no Terror. Sob a *Decla-*

---

[20] Zanardelli, Giuseppe, ob. cit., p. 79, 89 e 90.

ração dos Direitos do Homem, o mais imemorial desses direitos, o direito elementar do acusado a um patrono desapareceu do processo criminal. A lógica da guilhotina decretou então aquele atroz sofisma: "*La loi donne aux accusés pour défenseurs des jurés patriotes; elle n'én doit point aux conspirateurs*". Como corolário natural desse novo código de humanidade, surgiu aquele conselho de assassinos, o Tribunal Revolucionário, arremedilho monstruosamente macabro da justiça. Mas essas formas de sangue e morticínio não apavoraram os advogados franceses. Alguns, e entre eles Berryer pai, foram expor a sua vida naquele recinto de magarefes mal-amanhados em juízes, onde "o banco dos réus não se separava senão por um vago limite do dos seus defensores"[21].

Conta esse ilustre jurisprudente do século XVIII, nas suas *Reminiscências*, como, ao tempo do julgamento de Luís XVI, correu a conferência onde se reuniram os membros da antiga Ordem, então extinta, nos quais poderia recair a escolha do infeliz monarca, previamente fadado à morte, para deliberar sobre as questões concernentes ao aflitivo e tremendo caso. O que entre eles aí se assentou foi que o sistema da defesa, logo às primeiras frases do exórdio, se traçaria nesta declaração heróica do advogado:

"Trago à Convenção a verdade e a minha cabeça; depois de me escutar, disponha ela da minha vida..."[22].

Com esse regime só entra em confronto o da realeza dos Bourbons, em Nápoles, chumbado à eternidade da infâmia pelas cartas imortais de Gladstone. Mas, ainda aí, quer após a insurreição de 1821, quer depois das lutas de 1848, não faltou às vítimas da inquisição policial a dedicação de generosos patronos, que pelos direitos delas se aventuraram aos mais assustadores perigos, invectivando o cetro omnipotente, exprobrando-lhe a quebra dos juramentos constitucionais, e ameaçando o perjúrio coroado com a fatalidade dos castigos celestes.

---

[21] Allou, Roger & Chenu, Charles. *Grands Avocats du Siècle*. Préface de Jules Simon. Paris, A. Pedone, Éditeur, s. d., p. 22 (Barreau de Paris).

[22] *Apud* Maurice Sabatier. *Études et Discours*. Paris, Librairie Hachette, 1911, p. 116.

A Ordem, que, em 1822, agastara o governo de Luís XVIII, elegendo unicamente, para a representarem os nomes mais malvistos à situação; que, em 1830, antecipou a insurreição de julho, denunciando vitoriosamente nos tribunais as infrações da Carta, de onde resultou a perdição da monarquia de Carlos X; que, em 1835, abriu luta, na França inteira, contra a Câmara dos Pares, quando esta, para evitar o embate com os grandes oradores da resistência liberal, recusou os defensores de eleição dos réus, pretendendo impor-lhe outros, por ela designados, e, nessa luta, com o peso da sua unanimidade, obrigou o pariato a recuar; esse corpo dos advogados franceses cuja história compete com a dos ingleses e a dos americanos, não se amedrontou, mais tarde, com a ressurreição do napoleonismo, com o prestígio, da sua fortuna, a massa dos seus exércitos, a compressão das suas leis, a irresponsabilidade dos seus caprichos.

Nunca a tribuna forense, radiante então sob a palavra de Júlio Favre, Dufaure, Crémieux, Marie e, sobre todos, Berryer, se cobriu de maiores vitórias contra o governo; nunca a eloqüência judiciária se elevou contra um soberano todo poderoso a um grau de audácia maior. Lembrai-vos daquele processo de Montalembert, condenado, em primeira instância, por um delito de imprensa, à multa e prisão. Indultado pelo Imperador, o grande orador católico rejeita a ironia dessa clemência, e vai pleitear a causa da liberdade na Corte de Apelação. É Berryer quem o patrocina, o Demóstenes do século XIX. A sua defesa, em uma oração em que o incomparável advogado se excedeu a si mesmo, é o libelo do Império diretamente alvejado nas invectivas daquela palavra quase divina. "Essa lei de 1849, que nos quereis aplicar", troveja ele,

> era feita no intuito de proteger a Constituição. A Constituição? Mas quem a violou? Quem a derribou? Quem a calcou aos pés? Vós! Essa lei era a salvaguarda da Constituição. *Ele* a destruiu, *ele*! — e agora a invoca[23].

A esses dois "eles", que arrastavam Napoleão III em pessoa ao banco dos criminosos, narra uma testemunha que houve no auditório

[23] *Id.*, *ib.*, p. 235.

um frêmito prolongado. Era a visão do golpe de Estado, que assomava sob o látego vingador, a visão do golpe de Estado, que rasgara a Constituição, e, agora, sentado no trono, para ela apelava. Não são sempre assim, senhores, os golpes de Estado? Com os farrapos da Constituição ainda nas botas dos soldados, a festejam, dilacerando-a todos os dias, para ataviar depois com a sua invocação os atos que a violam, e combater ou perseguir em seu nome os adversários, que a sustentam.

Orsini atenta contra a existência do Imperador. Estamos ainda em 1858, com o império no zênite da sua fortuna. Mas os advogados não desertam o seu dever. O grande criminoso de Estado, cuja sorte fatal era a guilhotina, tem por defensor uma das glórias da Ordem, e o seu discurso nessa ocasião foi o mais radioso triunfo oratório da sua vida. As testemunhas da cena magnífica nos contam a impressão com que a voz de Júlio Favre ressoou, elevando-se gradualmente, ao deixar cair estas palavras fatídicas:

> Os governos perecem pelas suas próprias culpas; e Deus, que, nos arcanos da sua sabedoria, lhes conta as horas, sabe aparelhar aos que desconhecem as suas eternas leis, catástrofes indivizivelmente mais terríveis do que a explosão das máquinas de morte engenhadas por conspiradores[24].

A esta predição inspirada, levantando-se no triste silêncio do recinto,

> os menos supersticiosos supuseram ouvir ecoar ao longe o troar do canhão, e entrever o esboroamento da dinastia imperial nas ruínas da invasão estrangeira[25]!

No terrível processo dos acusados de abril de 1835, nesse processo em que a Câmara dos Pares envolveu a sua jurisdição excepcional, já de triste nomeada pelo fuzilamento do Marechal

---

[24] Prefácio de Paul Maritain in: Favre, Jules. *Mélanges Politiques, Judiciaires et Littéraires.* Avec une Préface et des Notes par Paul Maritain. Paris, Arthur Rousseau, Éditeur, 1882, p. 25.

[25] *Id., loc. cit.*

Ney, em uma atmosfera de pavor, tolhendo aos réus, por medo aos grandes oradores, republicanos, a escolha de advogados não profissionais, Júlio Favre, arrostando quase só os excessos desse tribunal enfeudado ao poder, escrevia à sua mãe:

> Sozinho contra o ministério público, contra a assembléia inteira, que acolhe cada uma das minhas palavras com murmúrios e, às vezes, com indecentes interpelações, não posso dar conta dignamente da penosa tarefa que me impus. A sessão de ontem foi tal, que muitos dos meus amigos vieram, novamente, instar pela minha retirada, exortando-me a não me arriscar ao furor da ruim companhia dessa gente. Não lhes atendi aos conselhos e prosseguirei até ao cabo[26].

Essa altivez, que não torce às ameaças dos governos, tampouco se dobra a juízes prepotentes. Nos dramas judiciários suscitados pelas insurreições republicanas daquele tempo se destaca, em relevo pela sua bravura cavalheiresca na tribuna, o perfil de Michel de Bourges, em que a democracia francesa teve dos seus mais imperterritos e venerados patronos. Quando a Câmara dos Pares decapita a defesa, espoliando os réus da sua liberdade na escolha dos seus advogados, o valoroso paladino das garantias civis não trepida em desafiar a condenação, que o esperava, e o feriu, endereçando à implacável assembléia a carta, cuja veemência terminava com as célebres palavras: "A infâmia do julgador é a glória do acusado".

A lei e a nossa consciência são os dois únicos poderes humanos, aos quais a nossa dignidade profissional se inclina. Em se pondo em antagonismo com eles, as próprias autoridades superiores da nossa classe já não podem contar com a submissão dos nossos atos. Em uma quadra reacionária de aulicismo e fanatismo como a da Restauração, as cóleras do tempo desabam sobre a cabeça de Berryer, o legitimista, chamado à presença do Conselho da Ordem, como delinqüente contra as suas regras, por haver litigado e alcançado a absolvição de um dos generais de Bonaparte, justificando aos olhos do tribunal a fidelidade do soldado do Império ao Imperador. Mas

---

[26] *Id.*, *ib.*, p. 17.

o jovem advogado, já famoso, não se penitenciou. Dera uma lição de honra: não tinha de que se retratar. A sua resposta à intimação já reflete a magnânima pureza do futuro oráculo da toga. "Nunca", escreveu ele ao *bâtonnier*, ao chefe da Ordem,

> nunca assinarei retratação alguma, nem tampouco farei declarações de princípios; visto como isso, a não ter eu de repetir o que já se acha na minha oração pelo réu, seria confessar que, em uma causa desta relevância, me exprimi levianamente, sem ponderar o meu discurso, nem ouvir a minha consciência. Ou então seria proclamar que, depois de ter dito livremente o meu sentir, tão débil sou de alma, que me assusto de algumas ameaças, ao ponto de repudiar as minhas próprias convicções[27].

Esse moço de 26 anos já constituía para os seus confrades o modelo, que, depois, nunca desmereceu da sua beleza primitiva. Toda a sua vida foi de culto ao Direito. O seu ardente legitimismo o não inibiu de pleitear, sob a Restauração, a causa dos sobreviventes do Império, do Marechal Ney, do General Debelle, do General Cambronne, e de estender o amparo de sua toga, nas acusações políticas, sob o governo de Luís Filipe, como sob o de Napoleão III, aos mais assinalados republicanos. À sua sombra se foi acolher Júlio Ferry, em 1864, no processo dos Treze: "Venho bater à porta, que sempre se abriu ao direito violado"[28]. Com ele, nesse processo, Hébert e Dufaure, igualmente realistas, dão as mãos aos republicanos Marie, Grévy e Júlio Favre, defendendo as comissões eleitorais democráticas, argüídas pelo Segundo Império de núcleos sediciosos. Do mesmo modo Crémieux, em 1830, não hesitara, apesar de republicano, em patrocinar um dos ministros de Carlos X, condenado a perpétua prisão pela Câmara dos Pares, sacrificando a sua

---

[27] Lacombe, Charles de. *Vie de Berryer (D' Après des Documents Inédits)*. La Jeunesse de Berryer. Paris, Librairie de Firmin-Didot, 1894, p. 159-60.

[28] Lacombe, Charles de. *Vie de Berryer (D' Après des Documents* Inédits). Berryer sous la République et le Second Empire. Paris, Librairie de Firmin-Didot, 1895, p. 457.

popularidade e afrontando as iras da multidão furiosa contra esses homens, que haviam derramado o sangue de cidadãos inocentes.

As nossas boas tradições profissionais, em toda a parte, são essas,

> Sendo homem de consciência e coragem, diz Chaix d'Est Ange, o orador se há de envergonhar de que um cálculo de prudência pessoal o desvie de uma causa não isenta de perigo[29].

E o orador, aqui, é, sobretudo, o advogado, para quem, estando em risco a justiça, não há bons ou maus, amigos ou inimigos, correligionários ou antagonistas. Ainda estavam sob o jugo da metrópole, no século XVIII, bem antes da revolução, as colônias inglesas da América do Norte, quando ali ocorreu a tragédia então designada como "a matança dos súditos de Massachusetts pelas forças inglesas". Alvo da indignação pública, os soldados acusados, à cata de quem lhes pleiteasse a defesa, encontraram o amparo de dois homens de alta eminência na advocacia, Adams e Quincy, que depois tanto se elevaram na política americana. O pai de Quincy escreveu-lhe uma extensíssima carta, exortando-o, em nome da afeição e obediência filial a não advogar a causa daquela gente. O filho, porém, na resposta, submissa, carinhosa, mas firme, resistiu ao progenitor, sem lhe faltar com o acatamento, declarando-lhe que, fossem quais fossem as conseqüências, as regras da sua profissão e as obrigações do seu juramento lhe não permitiam abandonar os seus deveres de advogado[30].

Mercê de haverem encontrado quem com essa inteireza os soubesse guardar, os soldados contra quem se levantara exacerbada a população inteira, puderam ter o arrimo de uma defesa respeitável. E quando é que a ordem civil, com as suas salvaguardas e garantias, deixou de ser a proteção mais eficaz, segura e estável aos direitos

---

[29] *Apud* Roger Allou & Charles Chenu, *Grands Avocats du Siècle*, cit., p. 155.

[30] *Cf. A Collection of Arguments and Speeches before Courts and Juries*. By eminent Lawyers with Introductory notes, analysis, etc. by William L. Snyder. New York, Baker, Voorhis, 1892, p. 372 (Great Speeches by Great Lawyers).

dos militares? Esses direitos perecem com a ruína das instituições civis, que substitui a legalidade, abrigo de todas as classes, pelo arbítrio dos mandões armados, tão funesto ao merecimento e à honra entre os seus camaradas como entre nós os paisanos.

Quem foi, senão um governo militar, o que, entre nós, em 1892, lançou de um traço de pena à proscrição treze generais de mar e terra? E quem, senão um advogado paisano, o que por eles gratuitamente se devotou, buscando salvá-los sob a égide constitucional do *habeas-corpus*? Não foi ainda um governo militar o que, não contente com a prisão e o desterro, fulminou com a reforma arbitrária os generais e almirantes abrangidos nessa medida exterminadora? E quem, senão um advogado civil, foi o que, mostrando, pela primeira vez entre nós, a aplicação desse recurso constitucional, pleiteou e venceu, nas justiças ordinárias, em favor desses oficiais perseguidos, a causa da sua reintegração na atividade militar[31]?

Um ano depois, quem, senão um advogado civil, expôs até a sua vida, sempre desinteressadamente, aos ódios sanguinários de uma situação armada, batendo-se, para arrebatar às violências do processo militar um dos nossos almirantes e alguns oficiais[32] da nossa esquadra? Quem, senão esse mesmo advogado, sem bordados nem galões, abriu a campanha parlamentar e judiciária contra as restrições da anistia inversa, criadas pelos rancores militares contra os militares envolvidos no movimento de 1893[33]? Quem, anos depois, ainda quem, senão esse obstinado jurista, para acabar com a

---

[31] Cf. *Obras Completas de Rui Barbosa* — vol. XIX — 1892 — t. III — *Trabalhos Jurídicos*. Estado de Sítio. Rio de Janeiro, Ministério da Educação e Cultura, 1956.

[32] Eduardo Wandenkolk e outros.

[33] Cf. *Obras Completas de Rui Barbosa* — vol. XXIV — 1897 — t. III — *Trabalhos Jurídicos*. Rio de Janeiro, Ministério da Educação e Cultura, 1955, p. l.

[34] Entendeu Rui Barbosa, em parecer de 25 de novembro de 1904, e também o Supremo Tribunal Federal, que competente para julgar os implicados no levante de 14 de novembro de 1904 era a Justiça militar, mas sobreveio a anistia de 1905, extinguindo-se o procedimento já instaurado.

procrastinação e os abusos da justiça militar, em um processo interminável, promoveu e obteve do Congresso, em prol dos militares envolvidos no episódio de 14 de novembro, a anistia de 1905[34]?

Esse advogado amava o Direito mais do que a própria vida. Esta não conheceu jamais reticências, nem reservas, quando se tratava de o servir. Toda ela se poderia resumir nas palavras do salmista: *Credidi, et locutus sum*. Neste sentido nunca se separou, nele, do homem, do político, o advogado, se me permitem aplicar-lhe, observada a distância, incomensurável entre os dois, a observação de um escritor recente sobre a dupla carreira do maior dos advogados franceses.

Entre um e outro haverá, talvez, um traço de mútua analogia: a sinceridade oratória, a paixão jurídica, a constância liberal. Eu quisera não ter de lhe acrescentar outro, ainda menos invejável. Mas este não me parece menos verdadeiro: a experiência das decepções políticas. Contava Berryer mais de 60 anos, em 1851, quando Luís Napoleão desfechou o golpe de Estado. A despeito da idade, contudo, o irredutível sexagenário foi, entre os representantes do povo, expulso do palácio Bourbon, a alma da resistência legal. Mas afinal, baldados todos esses atos corajosos, que a energia do seu civismo ditou à assembléia reunida na rua de Grenelle e dali conduzida aos quartéis pelas tropas do General Forey, vieram a se encontrar na tenebrosa noite desse dia, vizinhos de cama, em um cubículo da prisão de Vincennes, o príncipe dos oradores do século XIX e Odilon Barrot, um dos seus mais conspícuos colegas na Câmara e no foro. Ali, do seu grabato de presos, entrou este a dizer para aquele:

> Então, Berryer, estava escrito que, decorridos mais de 60 anos após 1789, havíamos de nos achar reduzidos, tu e eu, a ver outra vez a força triunfar do direito? Não é bem humilhante? — Cala-te, Barrot, obtemperou-lhe Berryer[35].

Devemos calar-nos? Ainda não, senhores. Nem Berryer mesmo se submeteu ao seu próprio conselho. O gênio da tribuna falou

---

[35] Sabatier, Maurice. *Études et Discours*, cit., p. 220.

ainda mais 17 anos pela sua boca. Até aos 80, honrava ele a palavra humana com os esplendores sobrenaturais. Ainda em 1864, quando o foro britânico o convida a visitar a Inglaterra, ansiosa de mostrar o seu reconhecimento ao homem, que, "em todos os tempos, havia sido o sustentáculo da independência dos vencidos", a sociedade inglesa pela voz de Palmerston, Gladstone, Brougham, o recebe como se Demóstenes ou Cícero, redivivos, pisassem o solo inglês; e Brougham, comparando-o somente a Erskine, como o assombro da palavra, cuja eloqüência excedera a todos os clássicos da tribuna, o exalta, sobre todas as suas virtudes, e talentos, por "essa coragem indomável, que nem os reis, nem os tribunais, nem os juízes logram domar"[36].

Esses dois nomes altíssimos, com os quais a Grã-Bretanha e a França emparelham na honra de haver dado ao mundo, talvez, os seus dois máximos oradores, são, justamente, os mais insignes tipos da impavidez na arena judiciária, do heroísmo sem mancha nem medo na defensão das causas mais ameaçadas e perigosas. Erskine patrocina a James Hadfield, réu de atentado contra os dias de Jorge III, e a Thomas Hardy, esmagado pela acusação de maquinar a República na Inglaterra, urdindo a trama de uma rebelião, que se utilizasse, para vingar dos desastres militares do país na guerra continental. É nesta lide que ele fala por sete horas consecutivas, até que, minguando-lhe o fôlego e forças, tem de se arrimar a um banco e falar de manso, como em surdina, ao júri subjugado. As palavras mal sussurravam. Mas de tal modo reina a calada no recinto, que a todos os ouvidos chega aquele tênue fio de voz, onde a inteligência lampeja tão viva, como se a eloqüência crescesse com o esmorecer do alento nos lábios do orador; e, quando eles se cerram, ainda os acompanha a deslumbrada expectativa do auditório.

Já se vê que a nossa profissão, a que tão dignamente se personifica neste Instituto, não nasceu para servir, para cortejar a ministros ou presidentes, reis ou congressos, para bater as palmas a atentados poderosos. "Nesta sujeição, quase geral de todas as condições", dizia a seu respeito d'Aguesseau,

[36] Lacombe, Charles de. *Vie de Berryer (D'Après des Documents Inédits)*. Berryer sous la République et le Second Empire, 1895, cit., p. 448.

> esta ordem tão antiga como a magistratura, tão nobre quanto a virtude, tão necessária quanto a justiça, se distingue por um caráter que lhe é peculiar, e, sozinha entre todos os outros estados, se mantém sempre na ditosa e tranqüila posse da sua independência[37].

Há mais de 200 anos que o jovem advogado geral de Luís XIV, já em caminho da celebridade, que havia de coroar bem cedo a carreira do grande chanceler, abria, em 1693, as audiências do Parlamento de Paris com essa apologia da nossa independência. Ela bem mostrava *quantum a famulatu nostrum distat officium* como dizia Husson, no seu livro *De Advocato*. E não me posso capacitar de que hoje, em franca encenação republicana, este nobre mister diste menos da servil domesticidade que nesses séculos de régio absolutismo.

Ou, ao contrário, nos teríamos degradado ao famulato, por não cingirmos uma espada nesta época de total obumbramento do Direito? Eu poderia notar que também nós temos antigo foro de armas, se o nosso ofício quisesse, como os ex-chefes de certas democracias, atravessar o oceano à cata de brasões, ir entroncar a sua árvore de costado na estirpe dos primeiros reis de França, ou dos antigos almirantes genoveses.

Porque, senhores, se não mentem Quintiliano e Tácito, Júlio César ilustrou a eloqüência forense, antes de se afamar nos campos da batalha, "*dictator Caesar summis oratoribus aemulus*"[38], e teria rivalizado com Cícero, se não houvesse preferido competir com Alexandre. De modo que, se esse vem a ser, realmente, como alguns pretendem, "o mais alto entendimento que tem honrado a nossa espécie", com as armas contende a toga pela glória de haver merecido a estima do seu gênio e animado o valor dos seus atos.

---

[37] Aguesseau, d'. *Oeuvres Complètes du Chancelier d'Aguesseau*. Nouvelle édition, augmentée de pièces échappées aux premiers éditeurs et d'un discours preliminaire par M. Pardessus. Paris, Fantin et Compagnie, Libraires, 1819, t. I, p. 2-3.

[38] Tacitus, Cornelius, *Annalium ab Excessu Divi Augusti Libri. The Annals of Tacitus*, cit., 1891, vol. II, XII, p. 3; Quintilien. *Oeuvres Complètes de Quintilien*. Traduction de la Collection Panckoucke par M. C. V. Ouizille. Nouvelle édition revue avec le plus grand soin par M. Charpentier. Paris, Garnier Frères, s. d., t. III, XI, 114.

Se quiséssemos, senhores, tingir a importância do nosso papel social com um matiz de atualidade, não nos faltariam documentos, e até mui de casa, para comprovar que também nós militamos, e temos direito à altivez dos que militam. É o que no ato da fundação deste Instituto, em 7 de setembro de 1843[39], acentuava o Conselheiro Montezuma, epigrafando com o texto do Código Justiniano o seu memorável discurso inaugural, onde, em uma linguagem de sabor inconscientemente profético, o eloqüente panegirista do trono entoava louvores aos

> imperantes ilustrados, e que, à imitação do antigo Hermes Trismegisto, reúnem em si o poder e fortuna de um monarca, as luzes de um sacerdote do Senhor, o saber e universalidade de um filósofo[40].

Nesse expressivo tópico do nosso *Corpus Juris* o Imperador romano, que, seguramente, para os entusiastas da sua corte, era o Hermes Trismegisto daquele tempo, depois de equiparar os lutadores do foro, cujos trabalhos resolvem pelo Direito a incerteza dos litígios como na categoria dos benfeitores da humanidade, aos que pela pátria vertem o sangue nos combates,

> *advocati, qui dirimunt ambigua fata causaram... non minus provident humano generi, quam si proeliis atque vulneribus patriam parentesque salvarent*[41],

proclama não militarem somente os que lidam com o gládio, o escudo e a couraça, mas também os advogados. Estes militam,

---

[39] Em 7 de setembro foi o Instituto instalado, no Imperial Colégio Pedro II, mas sua criação é de considerar-se em 7 de agosto de 1843.

[40] "Discurso Recitado pelo Sr. Conselheiro Montezuma na Sessão de Installação do Instituto dos Advogados em 7 de Setembro de 1843". *Revista do Instituto da Ordem dos Advogados Brasileiros*, Rio de Janeiro, I (2):68, abr./maio/jun. 1982.

[41] *Corpus Iuris Civilis*. Codex Iustinianus Recognovit Paulus Krueger. 6 ed. Berolini, Weidmannos, 1895, vol. II, liv. 2, VII, § 14, p. 99.

realmente, nas pelejas gloriosas da tribuna, defendendo os direitos, alimentando a esperança, e salvando a vida aos seus semelhantes.

> *Nec enim solos nostro imperio militare credimus illos, qui gladiis clupeis et thoracibus nituntur, sed etiam advocatos: militant namque causarum patroni, qui gloriosae vocis confisi munimine laborantium spem vitam et posteros defendunt*[42].

Não se há mister, porém, de ir buscar a carta da nossa fidalguia à Roma dos Imperadores, para a impor ao Brasil das ditaduras. A nobreza da toga é a nobreza sempre viva da justiça, de onde mana igualmente a dignidade para a milícia da palavra e a milícia da espada. A espada é um instrumento: não vale senão pela valia das causas a que serve. Com as boas, se benquista e senhoriza. Com as más, se desnobrece e aniquila. Às ordens da lei, é um instrumento de civilização. À disposição do arbítrio, é o flagelo dos flagelos humanos.

Quantos não imaginam ser a coragem o que a diviniza? Mas adverti. Quem admira a coragem nos bárbaros, a coragem na selvageria, a coragem na crueldade? O heroísmo não está na embriaguez impulsiva da cegueira diante dos perigos: está na indiferença diante da morte pela verdade, pela liberdade, pela honra, pelo bem. O desinteresse, a abnegação, o sacrifício levado até o extremo da renúncia à vida, pelas causas puras e benfazejas: eis a coragem racional. Como a pátria encarna, em geral, para o coração do homem, a síntese dessas causas, expressão da honra na família, da liberdade nas leis, da verdade na instrução, do bem no conjunto desses tesouros, o soldado cativa a nossa admiração como o símbolo dessas virtudes convertidas em profissão habitual: a força humanizada pela sujeição ao dever, pelo desprezo dos interesses, pelo culto da felicidade comum. Emancipai-a desses freios, tirai-lhe essa generosidade, retrocedei-a ao domínio dos instintos bravios: já não é a força animada pela consciência; é apenas a animalidade armada.

Desassombro em fulminar ou em padecer a cessação da vida, tudo pode ser coragem. Mas, de coragem a coragem, entre a de

---

[42] *Id., loc. cit.*

morrer e a de matar, qual será, senhores, a coragem humana? A coragem de matar é a do bruto, a do louco, a do criminoso. A coragem de morrer é a do soldado, mas é também a do missionário, a do juiz, a do advogado.

Não sei em que balança as pesaríamos, a ver qual delas reúne mais quilates: se a coragem do homem de guerra, a coragem do homem da verdade, ou a coragem do homem da lei. Uns elegerão a do amor da pátria, outros a da ciência ou da santidade, outros, ainda, a da justiça. Todas têm em comum, entre si, uma divina afinidade: a imolação voluntária do homem pela sua raça, pela sua fé, ou pelo seu ideal. Eis o que desbrutaliza a guerra, o que legitima o soldado, o que nobilita a espada, mas, ao mesmo tempo, o que eleva a coragem civil à altura da coragem militar, menos rara do que a outra.

A inteligência, o Direito, a religião, são os três poderes legítimos do mundo. Eles representam, cada vez um per si, o eu humano, a sociedade humana, o destino humano, e, associados, as três expressões da humanidade: a sua evolução mental, a sua existência na superfície da terra, o misterioso fim do seu desenvolvimento. Diante deles a força, nas eras não bárbaras, se reduz a uma entidade subalterna, cuja intervenção não valerá nunca senão pelos serviços de que a sua obediência for capaz. Para a constituir em uma organização geral, a civilização adotou, como símbolo, a espada, coeva das primeiras idades históricas, outrora senhora dos povos escravizados, mas hoje, nas mãos dos povos livres, criaturas das suas leis, dependência da sua administração, instrumento dos seus governos.

Fora daí a espada não é a ordem, mas a opressão; não é a tranqüilidade, mas o terror; não é a disciplina, mas a anarquia; não é a moralidade, mas a corrução; não é a economia, mas a bancarrota; não é a ciência, mas a incapacidade; não é a defesa nacional, mas a ruína militar, a invasão e o desmembramento. Isto é, e não poderia deixar de ser; porquanto com o domínio da espada se estabelece necessariamente o governo da irresponsabilidade, o jubileu dos estados de sítio, a extinção da ordem jurídica, a subalternização da justiça à força.

A justiça coroa a ordem jurídica, a ordem jurídica assegura a responsabilidade, a responsabilidade constitui a base das instituições livres; e sem instituições livres não há paz, não há educação popular, não há honestidade administrativa, não há organização defensiva da pátria contra o estrangeiro. De sorte que um regime, onde a violência do poder ergueu a cerviz até à altura do Tribunal Supremo, para lhe açoitar o rosto com a negação da sua autoridade, é uma construção que, sem cumeeira, nem teto, vacila até aos alicerces, invadida pelos temporais e pelas enxurradas. Mas, ainda assim, a moral é tão superior à força e o Direito ao crime, que essa justiça, desacatada, humilhada, ferida, oscilante no seu pedestal, continua a projetar a sua sombra sobre a situação, e dominá-la, como a cruz de uma divindade sepultada anunciando aos deicidas o castigo e a ressurreição.

Tal o privilégio destas causas imortais. Depois de arrastadas ao Calvário e justiçadas, quando a última pedra lhes parece ter selado o sepulcro, e tudo se dizia acabado, aí é que vai começar a ascensão, e amanhecer o triunfo. Pouco importa a miséria dos homens, a imoralidade da sorte, o silêncio da multidão, as friezas da indiferença, os desdéns da soberba, os conchavos do egoísmo, as glorificações da baixeza, as vitórias da crueldade. Deus arrebata as criaturas na corrente caudalosa dos fatos, e submerge as resistências do nosso lodo no abismo da sua Providência benfazeja e criadora.

Mas, entre este abandono geral de todos os deveres, a classe dos amigos professos da lei é que não romperá o seu pacto de honra para com ela. Há 68 anos, na inauguração deste Instituto, o eloqüente Conselheiro da Coroa, que em frase altíloqua lhe lavrava o ato de nascimento, formulou o vosso compromisso original nas palavras do primeiro Dupin, um dos nomes de mais gloriosa fé de ofício nas lutas da toga contra a reação, dizendo solenemente: "Todo o direito ofendido encontrará entre nós os seus defensores"[43].

Não havíeis de vos subtrair agora às promessas do vosso batismo, ao timbre dos patriarcas desta Casa, quando o abandonado que andava em busca dos seus defensores, não era *um* direito violado, mas o próprio Direito, golpeado mortalmente no músculo central da sua vida, no órgão supremo da sua autoridade, na mesma existência legal da justiça.

---

[43] "Discurso Recitado pelo Sr. Conselheiro Montezuma na Sessão de Instalação do Instituto dos Advogados em 7 de Setembro de 1843". *Revista do Instituto da Ordem dos Advogados Brasileiros*, cit., p. 115.

Quando a civilização oficial desce, desce no horror épico da atrocidade, graus abaixo do círculo de Ugolino, e a história nacional da opressão do homem pelo homem desanda, na maneira de tratar cidadãos, até abaixo dos suplícios da escravaria da África nas cenas do navio negreiro, amarrado pela musa de Castro Alves à ignomínia eterna, ainda se poderá destacar, da própria inscrição do inferno, uma réstia de esperança, com esse imaculado nome, sob o qual a divindade se entrelaça ao Direito, em um verso digno do céu, onde se definiria bem à porta desta Casa, a origem e o objeto da nossa missão:

"*Giustizia mosse il mio alto fattore*"[44].

Concluí, meus colegas. Se vos não soube falar, perdoai-me. Abristes-me os vossos braços: eu vos abri o meu coração. *Credidi, et locutus sum*. Não vos podia dar a sentir a melhor o meu reconhecimento.

---

[44] Alighieri, Dante. *La Divina Commedia*. Riveduta nel testo e commentata da G. A. Scartazzini. Leipzig, F. A. Brockhaus, 1874, vol. I — L'Inferno, III, 4.

Posse, como Presidente, no Instituto dos Advogados, em 19 de novembro de 1914

O Supremo Tribunal Federal na Constituição Brasileira

Meus senhores — meus ilustres colegas — a generosidade com que me subistes a esta cadeira, elevando-me tanto acima do meu merecimento, excede a todas as minhas aspirações. A vaidade e a ambição põem sempre a meta dos nossos desejos muito além da nossa capacidade. Mas eu, que bem pouco me tenho iludido quanto ao valor real das minhas forças e à importância do meu destino, sempre limitei os meus projetos e sonhos, na carreira profissional que elegi desde a minha primeira mocidade, a granjear, pelo trabalho honesto, o crédito de exercer o meu ofício com seriedade, competência e zelo.

Imaginar que um dia, por eleição dos advogados brasileiros, me visse assentado no primeiro lugar entre os meus colegas, temeridade era que me não passou jamais pela mente; e, quando com esta demasia da vossa benevolência me surpreendestes, se não declinei da honra, que me fazíeis, é que, de puro agradecido e perplexo, não achei, no meu constrangimento e suspensão de ânimo, energia bastante para deliberar o que a prudência me aconselhava.

É o íntimo dos meus sentimentos o que vos estou mostrando. Não vejais expressão de falsa modéstia na voz desestudada e fiel da minha sinceridade. Pela distinção que me liberalizastes, vos tenho o mais profundo reconhecimento. Mas, em boa verdade vos digo, sem quebra do respeito devido ao tino das vossas resoluções, que me não parece haverdes acertado na escolha, e bem pouco espero corresponder-vos à confiança.

As instituições do gênero desta, criadas para situações de alta responsabilidade no desenvolvimento da cultura nacional, necessitam, para as dirigir, não de simples valores nominais, como o meu, mas de autoridades poderosas, ainda em toda a expansão das suas forças, e talhadas, pelo hábito de prosperarem e vencerem, para rasgar, diante dos que a seguem, novos caminhos de vitórias e prosperidades. Não quis a sorte que eu nascesse debaixo de um desses signos bem-aventurados. A minha vida amadurece, e se vai despegando, para cair, na melancolia de ver definhadas e vencidas as idéias, pelas quais tenho consumido, em uma luta quase incessante, de perto de meio século, toda a substância de minha alma.

Batendo-me, já desde os bancos acadêmicos, na imprensa militante e na tribuna popular, pela redenção dos escravos, consagrei, desde então, a existência às grandes reivindicações políticas e sociais do direito, da educação pública e da liberdade, para, afinal, depois de termos sacrificado a Monarquia e estabelecido a República, supondo melhorar de instituições, e promover o governo da nação pela nação, ver operar-se o retrocesso mais violento das conquistas liberais, já consolidadas sob o antigo *regímen*, a um sistema de anarquias e ditaduras, alternativas ou simultâneas, com que contrastam epigramaticamente as formas de uma democracia esfarrapada.

Uma espécie de maldição acompanha, ultimamente, o trabalho ingrato dos que se votaram à lida insana de sujeitar à legalidade os governos, implantar a responsabilidade no serviço da nação, e interessar o povo nos negócios do País. A opinião pública, mergulhada em uma indiferença crescente, entregou-se de todo ao mais muçulmano dos fatalismos. Com o reinado sistemático e ostentoso da incompetência cessaram todos os estímulos ao trabalho, ao mérito e à honra. A política invadiu as regiões divinas da justiça, para a submeter aos ditames das facções. Rota a cadeia da sujeição à lei, campeia dissoluta a irresponsabilidade. Firmada a impunidade universal dos prepotentes, corrompeu-se a fidelidade na administração do erário. Aberta as portas do erário à invasão de todas as cobiças, baixamos da malversação à penúria, da penúria ao descrédito, do descrédito à bancarrota. Inaugurada a bancarrota, com o seu cortejo de humilhações, agonias e fatalidades, vê a nação falidas até as garantias da sua existência, não enxergando com que recursos iria lutar amanhã, ao menos pela sua integridade territorial, contra o desmembramento, o protetorado, a conquista estrangeira.

E, enquanto este inevitável sorites enlaça nas suas tremendas espirais a nossa pátria, todos os sinais da sua vitalidade se reduzem ao contínuo crescer dos seus males e sofrimentos, sob a constante ação dos cancros políticos que a devoram, das parcialidades facciosas que a corroem, dos abusos, por elas entretidos, que a lazaram de uma gafeira ignóbil.

Ora, senhores, como todas estas calamidades se reduzem à inobservância da lei, e têm na inobservância da lei a sua causa imediata, não estranhareis que para elas vos chame a atenção em uma solenidade como esta. Bem fora estou de vos querer arrastar ao campo onde se embatem os partidos, e debatem as suas pretensões. Ao poder não aspirais, e o melhor da vossa condição está em nada terdes com o poder. Mas tudo tendes com a lei. Da lei depende essencialmente o vosso existir. Vosso papel está em serdes um dos guardas professos da lei, guarda espontâneo, independente e desinteressado, mas essencial, permanente e irredutível.

Fora da lei, a nossa Ordem não pode existir senão embrionariamente como um começo de reivindicação da legalidade perdida. Legalidade e liberdade são o oxigênio e o hidrogênio da nossa atmosfera profissional. Nos governos despóticos, sob o Terror Jacobino, com as ditaduras dos Bonapartes, debaixo das tiranias napolitanas, moscovitas ou asiáticas, a nossa profissão ou não se conhece, ou vegeta como cardo entre ruínas. Na Grã-Bretanha, nos Estados Unidos, nas democracias liberais, na Austrália, na África Inglesa, nos países europeus ou americanos, que por esse tipo se modelaram, a toga, pela magistratura e pelo foro, é o elemento predominante. Dos tribunais e das corporações de advogados irradia ela a cultura jurídica, o senso jurídico, a orientação jurídica, princípio, exigência e garantia capital da ordem nos países livres.

Se, pois, na legalidade e liberdade vivemos, definhando e morrendo, quando a liberdade expira com a legalidade, na legalidade e na liberdade temos o maior dos nossos interesses; e, desvelando-nos por elas, interessando-nos em tudo quanto as interessa, por nós mesmos nos interessamos, lidamos pela nossa conservação mesma, e nos mantemos no círculo da nossa legítima defesa.

Aqui está, senhores, o por que vos eu digo e redirei que, com a abolição da legalidade e da liberdade no Brasil, abolição agora pouco mais ou menos consumada, se enceta, para nós, para este Instituto, uma existência bastarda, precária, irreal, a existência de um organismo em um meio a ele hostil e com ele incompatível.

Os advogados, na Inglaterra, nos Estados Unidos, na França, na Bélgica, na Itália, em toda a parte, nunca deixaram de sentir esse laço de solidariedade vital entre a sua classe e o governo da lei, a preservação das garantias liberais, a observância das constituições juradas. Nem, ao elaborar a brasileira, os juristas, os advogados que nela trabalharam, e que, pela nossa preponderância na sua composição, não se exagerará, dizendo que a fizemos, nos desviamos da linha, que a nossa educação jurídica nos traçava, que ela nos impunha, mostrando-nos a associação inseparável do gênio do novo *regímen*, cuja carta redigíamos, com uma organização da justiça, capaz de se contrapor aos excessos do governo e aos das maiorias legislativas, uns e outros dez vezes mais arriscados e freqüentes nas repúblicas do que nas monarquias, nas federações do que nas organizações unitárias, no presidencialismo do que no parlamentarismo.

Se os críticos da nossa obra não se deixassem transviar, lançando ao sistema as culpas da sua execução, e responsabilizando o mecanismo pelos erros dos mecânicos incompetentes ou interesseiros, que o têm estragado, não se perderia tantas vezes de vista a imensidade incalculável do benefício, com que dotamos o país, definindo, organizando e protegendo como definimos, organizamos e protegemos a justiça federal.

Ainda não se notou, entre nós, onde tantos censores têm surgido à obra constitucional de 1890 e 1891, que o Governo Provisório, em um ponto cardeal a esse respeito, se mostrou muito mais cuidadoso e previdente do que os autores da Constituição dos Estados Unidos. Estes, no propósito de assegurarem toda a independência à magistratura suprema da União, se limitaram a declarar vitalícios os membros da Suprema Corte, como os outros juízes federais, e a proibir que se lhes reduzam os vencimentos. Em contraste, porém, com estas duas medidas tutelares, duas portas deixou abertas a Constituição americana ao arbítrio do Congresso Nacional contra a independência da judicatura federal, entregando à discrição do Poder Legislativo o fixar o número dos membros do Tribunal Supremo e os casos de apelação das justiças inferiores para esse Tribunal.

Foi uma imprudência de que algumas administrações americanas servidas pelas maiorias congressuais se têm utilizado por vezes, já para diminuir ou aumentar a composição da Corte Suprema, quando certas causas de extraordinário interesse para o governo central lho aconselham, já para obstar a que pleitos, decididos na primeira instância em sentido favorável às conveniências da União, possam vir a receber solução diversa na instância superior. É o que sucedeu, em 1867, no caso "*Exparte* Mc. Cardle", onde o Congresso, receando uma decisão contrária às intituladas Leis de Reconstrução[1], interveio, por assim dizer, no feito pendente, retirando à Suprema Corte o direito de julgar, por apelação, em espécies daquela natureza. O Tribunal já se pronunciara, reconhecendo a sua competência. Mas, como, antes de proferido o julgamento de *meritis*, se promulgasse o ato legislativo, que lha cerceava, recuou, submetendo-se à medida, incontestavelmente constitucional, com que a legislatura o desinvestira de tal autoridade[2].

Exercidas com parcimônia nos Estados Unidos, onde a opinião pública atua constantemente com a sua fiscalização moralizadora nos atos do poder, essas duas faculdades, se a Constituição brasileira as adotasse, teriam aniquilado, aqui, a justiça federal, inutilizando-a no desempenho da mais necessária parte da sua missão, no encargo de servir de escudo contra as demasias do governo e do Congresso.

Toda a vez que o Supremo Tribunal adotasse uma decisão contrária às exigências, aos atentados, ou aos interesses de uma situação política, seus potentados, suas maiorias, uma lei, votada entre a sentença e os embargos, e executada incontinente com as nomeações necessárias, aumentando o número aos membros daquela magistratura, operaria a reconsideração do julgado. Toda a vez, por outro lado, toda a vez que a União receasse perder, na segunda instância, uma causa de relevância excepcional para a sua política ou as suas finanças, já vitoriosa na primeira, o Congresso Nacional, alterando o *regímen* das apelações, e excluindo esse recurso no gênero de casos, a que pertencesse o da hipótese, inibiria o Supremo Tribunal de entender no pleito, e, destarte, firmaria como definitivo o vencimento já obtido pelo governo, mas ainda sujeito à revisão.

---

[1] As Leis de Reconstrução foram aprovadas pelo Congresso norte-americano ao término da Guerra de Secessão.

[2] Cf. Baldwin, Simeon E. *The American Judiciary*. New York, Century, 1905, p. 116-7 (The American State Series). Judson, Frederick N. *The Judiciary and the People*. New Haven, Yale University Press, 1913, p. 185-6.

Destas duas maneiras de manipular e torcer a justiça, habilitando a mais poderosa das duas partes a evitar ou ajeitar o tribunal supremo, nos livraram o art. 56 e o art. 59 da nossa Constituição: o primeiro, estipulando a esse tribunal um número de juízes, que a lei ordinária não pode modificar; o segundo, prescrevendo que para ela haverá recurso nas questões resolvidas pelos juízes ou tribunais federais. Com estas duas cautelas, premunindo a justiça federal, no Brasil, contra dois gravíssimos perigos, a que se acha exposta na grande república da América do Norte, reunimos, em defesa dessa justiça, na sua independência e na sua pureza, contra as seduções e compressões administrativas ou legislativas, todos os resguardos humanamente possíveis.

Se, ainda assim, não a deixamos de todo isenta e inacessível aos manejos dos partidos, às captações do poder, é que os melhores sistemas de organização, os preservativos mais heróicos, os específicos mais radicais não bastam quando o caráter dos homens, mal escolhidos para as posições de alta confiança nacional, voluntariamente se oferece à contaminação, de que a lei empenhou as mais eficazes garantias em os abrigar. Mas, pelo menos, tudo o que estava ao alcance dos construtores do *regímen*, tudo quanto cabia nas possibilidades do seu mecanismo, tudo o que uma previsão avisada podia imaginar e combinar, tudo se envidou para que não se entregassem a uma entidade indefesa e dependente os poderes de soberana majestade e grandeza, confiados, nas federações do tipo norte-americano, aos tribunais federais.

A revolução jurídica encerrada nesta mudança era, entretanto, difícil de assimilar ao nosso temperamento e aos nossos costumes. O poder político é, de sua natureza, absorvente e invasivo, mais invasivo e absorvedor ainda nas Câmaras Legislativas do que no governo. As nossas tradições haviam-nos educado no dogma da supremacia parlamentar. Esta, a norma inglesa, estabelecida com a revolução de 1688, a norma francesa, decorrente da revolução de 1789, a norma européia generalizada com a propagação do governo constitucional, desde 1830, nas monarquias limitadas, a norma brasileira, introduzida com a nossa Constituição de 1823[3] e praticada em 66 anos de *regímen* imperial.

---

[3] O projeto de Constituição do Império data de 11 de dezembro de 1823 e a Constituição foi outorgada pelo Imperador em 25 de março de 1824.

Substituí-la pelo *regímen* presidencial, sem buscar na criação de uma justiça como a americana, posta de guarda à Constituição contra as usurpações do presidente e as invasões das maiorias legislativas, contra a omnipotência de governos ou congressos igualmente irresponsáveis, era entregar o país ao domínio das facções e dos caudilhos. Eis por que a Constituição brasileira de 1891, armando a justiça federal da mesma autoridade em que a investe a Constituição dos Estados Unidos, a dotou de garantias ainda mais numerosas e cabais para arrostar as facções acasteladas no Executivo e no Congresso Nacional.

Quaisquer que fossem, porém, os contrafortes de que a nova Constituição o cercasse, o reduto do nosso Direito Constitucional, para arrostar, com eficácia e sem risco da sua própria estabilidade, o choque violento dos seus agressores naturais, necessitava de contar, como conta nos Estados Unidos, com a vigilância desvelada e o enérgico apoio da opinião nacional. Em lhe falecendo este sustentáculo, tão escasso e débil, tão inconstante e falível, tão tímido e negligente, tão superficial e contestável como tem sido no Brasil, todas as vantagens correriam contra o poder inerme e solitário da justiça, todas aproveitariam ao poder armado, opulento e multíplice do governo.

Ainda assim, ferida a luta em condições de tamanha desigualdade, nem sempre tem acabado, nestes vinte e quatro anos, pelo desbarato do mais fraco. Grandes triunfos, neste quarto de século, registra a justiça brasileira. Os direitos supremos, algumas vezes imolados, acabaram por vingar, em boa parte, na corrente dos arestos. Haja vista os grandes resultados que, graças a ela, se apuraram, sob o estado de sítio deste ano, quando, mercê das suas sentenças, alcançamos salvar da liberdade de imprensa, uma parte considerável, e preservar os debates parlamentares das trevas em que os queria envolver a ditadura, com a cumplicidade submissa do próprio Congresso Nacional.

Mas os elementos facciosos, que se fizeram senhores do Estado, e exploram, como vasta comandita, as aparências restantes do *regímen*, adulterado nas suas condições mais necessárias, mutilado nos seus órgãos mais nobres, prostituído nas funções mais vitais, sentem o obstáculo invencível, que às aventuras do mandonismo, do caudilhismo, do militarismo opõe uma justiça entrincheirada solidamente nas prerrogativas da justiça americana; e compreendem que, para acabar com os últimos remanescentes da legalidade no domínio político e civil, eleitoral e parlamentar, administrativo e financeiro, para transformar absolutamente a República em um governo de privilégios, abusos e castas, lhes cumpre dar àquela instituição um combate de extermínio, abrir contra ela uma campanha inexorável, só a largar de mão depois de reduzida a um poder subalterno, desmedulado e caduco.

Com esse intuito sitiaram a cidadela ameaçada, e lhe apertam os aproches, assestando contra ela as mais formidáveis baterias da força, ao mesmo tempo que lhe solapam os fundamentos com as minas de uma sofisteria desabusada.

Dessa guerra sem escrúpulos, a tática principal tem consistido, sobretudo, nestes últimos quatro anos, em negarem abertamente obediência o Governo e o Congresso às mais altas sentenças judiciais, com pretexto de que o Supremo Tribunal exorbita, prevarica, usurpa; e, para coonestar essa rebeldia mascarada em amor da legalidade, a exceção dos *casos políticos*, oposta, na jurisprudência dos Estados Unidos, à competência que a Suprema Corte ali exerce, de negar definitivamente execução às leis inconstitucionais, tem ministrado aos congressos e governos insurgidos a evasiva, que havia mister esse movimento de anarquia radicalmente subversiva.

Mas, para abater o Supremo Tribunal Federal, e desafogar do receio da sua interferência coibitiva à política de nossa terra, *inscia legam*, *ignara magistratuum*[4], não bastava a contingência, iminente sempre, de ver as suas sentenças desacatadas, ora com arrogante desprezo, ora com erudita ostentação de afrontosas monstruosidades jurídicas, alardeadas nas mensagens presidenciais ou nos debates parlamentares. Conveniente seria ainda, sistematizar o desrespeito, legislar a revolta, organizar a usurpação, assentar em bases categóricas a desvirilização do Poder Judiciário na República brasileira, a enfeudação desse poder, dessexuado e invertido, às secretarias de Estado, às oligarquias políticas, às camarilhas dominantes. Para ousar essa audácia vertiginosa, era preciso viver no ante diluvianismo em que vivem os árbitros da nossa grotesca República, e meter o jacobinismo gálico na pele da Constituição americana.

---

[4] Cf. Tácito. *Oeuvres Complètes de Tacite*. Traduites en français avec une introduction par J. L. Burnouf. Paris, Garnier Frères, s. d., t. 2 — Histoires, livre I, XI, p. 10.

Como a nossa determinou, imitando o seu modelo, que o Senado julgará os membros do Supremo Tribunal Federal nos crimes de responsabilidade, engenharam, com igual ignorância que arrojo, forçar essa atribuição, para colocar o Supremo Tribunal Federal em um pé de subalternidade ao Senado, excluindo arbitrariamente do direito comum os crimes de responsabilidade, quando cometidos por esses magistrados.

Digo *arbitrariamente* porque os crimes de responsabilidade são definidos em comum no Código Penal com relação a todos os funcionários que neles incorrem, excetuando a Constituição apenas os do Presidente da República, único e só funcionário, magistrado único e só, a respeito de quem a nossa lei fundamental declara, no seu art. 54, que uma lei especial definirá os crimes de responsabilidades. Claro está que, se os dos membros do Supremo Tribunal houvessem também de se definir em lei especial, o texto da carta republicana, preciso e peremptório, sobre o assunto, no tocante ao Presidente da República, seria igualmente explícito e solene, em vez de omisso e silencioso, a respeito daqueles magistrados.

Tanto mais se evidencia aqui a evidência quanto vizinhos quase parede-meia demoram o art. 54, onde se impõe uma lei especial, a fim de qualificar, no que entende com o Chefe do Poder Executivo, os delitos de responsabilidade, e o art. 57, onde a nossa lei orgânica, indicando o tribunal para os membros dessa magistratura nos delitos de responsabilidade, não fala em lei distinta para os definir. O confronto desta diversidade no conteúdo com esta proximidade na colocação prova como que *ad oculum* a conclusão a que chegamos e tira em limpo o caso.

Mas a política destes últimos tempos, como quem sente dia-a-dia abrir-se-lhe a vontade no lauto banquete dos abusos, não se detém com embaraços, quando o estômago lhe afeta um bocado régio; e bem pouco é para as goelas do seu arbítrio uma instituição constitucional, quando se pode sorver e sumir de um trago no bucho pantagruélico de uma situação useira e vezeira em devorar leis, tesouros e constituições.

Tanto vai dos homens que fundaram este *regímen* aos que o estão gargantuando, tanto da democracia jurídica, em que, há vinte e cinco anos, encarnávamos o nosso ideal, à demagogia anárquica, misto de cesarismo e indisciplina, pretorianismo e jacobinismo, em que os ideais de hoje supuram o seu vírus.

Aqueles faziam da justiça a roda-mestra do *regímen*, a grande alavanca da sua defesa, o fiel da balança constitucional. Estes, se lograssem o que intentam, reduziriam o Supremo Tribunal Federal a uma colônia do Senado.

Em vez de ser o Supremo Tribunal Federal, qual a nossa Constituição o declarou, o derradeiro árbitro da constitucionalidade dos atos do Congresso, uma das Câmaras do Congresso passaria a ser a instância de correição para as sentenças do Supremo Tribunal Federal.

Aqui está, senhores, como nos arraiais da ordem se pratica o espírito conservador. Aqui está como os ortodoxos cultivam a verdade constitucional. Aqui está como as Vestais da tradição histórica alimentam a chama sacra da virgindade republicana.

A investida reacionária da nulificação da justiça, que se esboça no grandioso projeto de castração do Supremo Tribunal Federal, tem por grito de guerra, conclamado em brados trovejantes, a necessidade, cuja impressão abrasa os peitos à generosa coorte, de pôr trancas ao edifício republicano contra a ditadura judiciária. É a ditadura dos tribunais a que enfia de terror as boas almas dos nossos puritanos. Santa gente! Que afinado que lhes vai nos lábios, onde se tem achado escusas para todas as ditaduras da força, esse escarcéu contra a ditadura da justiça!

Os tribunais não usam espadas. Os tribunais não dispõem do Tesouro. Os tribunais não nomeiam funcionários. Os tribunais não escolhem deputados e senadores. Os tribunais não fazem ministros, não distribuem candidaturas, não elegem e deselegem presidentes. Os tribunais não comandam milícias, exércitos e esquadras. Mas, é dos tribunais que se temem e tremem os sacerdotes da imaculabilidade republicana.

Com os governos, isso agora é outra coisa. Das suas ditaduras não se arreceia a democracia brasileira. Ninguém aqui se importa com as ditaduras presidenciais. Ninguém se assusta com as ditaduras militares. Ninguém se inquieta com as candidaturas caudilhescas. Ninguém se acautela, se defende, se bate contra as ditaduras do Poder Executivo. Embora o Poder Executivo, no *regímen* presidencial, já seja, de sua natureza, uma semiditadura, coibida e limitada muito menos pelo Corpo Legislativo, seu cúmplice habitual, do que pelos diques e freios constitucionais da justiça, embora o Poder Executivo seja o erário, o aparelho administrativo, a guarda nacional, a polícia, a tropa, a armada, o escrutínio eleitoral, a maioria parlamentar. Embora nas suas mãos se reúnam o poder do dinheiro, o poder da compensação e o poder das graças.

Seja ele embora, entre nós, o poder dos poderes, o grande eleitor, o grande nomeador, o grande contratador, o poder da bolsa, o poder dos negócios, e o poder da força, quanto mais poder tiver, menos lhe devemos cogitar na ditadura, atual, constante, omnímoda, por todos reconhecida, mas tolerada, sustentada, colaborada por todos.

Para esse poder já existe uma lei de responsabilidade. A Constituição a exigiu. A primeira legislatura do *regímen* deu-se pressa em a elaborar. A medida tinha por objeto atalhar a degeneração da presidência em uma ditadura permanente. Mas os nossos estadistas se contentaram de a estampar no *Diário Oficial*, e arquivá-la na coleção das leis. Raros são os seus artigos, em que não hajam incorrido os nossos presidentes. Alguns a têm violado em quase todos. Mas, quanto maior é a soma de atentados com que carrega um presidente, mais unânimes são os votos da sabedoria política em lhe assegurar a irresponsabilidade. Isto é: quanto mais completa a ditadura presidencial, quanto mais ditadura essa ditadura, mais imune a qualquer responsabilidade.

Seis vezes entre nós se propôs, seis vezes, não menos, a responsabilidade presidencial, e não menos de seis vezes a rejeitou a Câmara dos Deputados, não a considerando, sequer, objeto deliberável.

A razão de Estado, negação virtual de todas as constituições, radical eliminação de todo o Direito Constitucional, a razão de Estado não existe para outra coisa: absolver os mais insignes culpados, dispensar na lei, justamente nos casos em que a sua severidade mais tinha a mira, recolher ao coito da impunidade os crimes mais insólitos, mais desmarcados, mais funestos.

Graças a essa indulgência, aclamada sempre na retórica dos nossos parlamentos, ainda não houve presidente, nesta democracia republicana, que respondesse por nenhum dos seus atos. Ainda nenhum foi achado cometer um só desses delitos, que tão às escâncaras cometem. A jurisprudência do Congresso Nacional está, pois, mostrando que a lei de responsabilidade, nos crimes do Chefe do Poder Executivo, não se adotou, senão para não se aplicar absolutamente nunca. Deste feitio, o presidencialismo brasileiro não é senão a ditadura em estado crônico, a irresponsabilidade geral, a irresponsabilidade consolidada, a irresponsabilidade sistemática do Poder Executivo. De modo que, com a irresponsabilidade inevitável da legislatura, os nossos republicanos, indiferentes ao sistema da irresponsabilidade em todos os graus, em todos os ramos e em todas as expressões do poder, só não querem irresponsável o Supremo Tribunal Federal.

Esse o terrível ditador, o ditador formidoloso, cuja sombra se projeta sinistra sobre as instituições. Contra os golpes desse, contra as suas maquinações abomináveis, contra os seus insidiosos assaltos à República, é que urge metermos todos os escudos, organizando-lhe rigorosamente a responsabilidade. Mas de que modo? Como a Constituição a quer? Organizando-lhe a responsabilidade nos limites do Código Penal? — Não. Instituindo uma pavorosa nomenclatura de crimes novos, inominados, absurdos, cuja capitulação legislativa aboliria totalmente a consciência da magistratura, a sua independência profissional, as garantias da sua vocação, reduzindo ao último dos tribunais o maior de todos.

Nenhum tribunal, no aplicar da lei, incorre, nem pode incorrer, em responsabilidade, senão quando sentencia contra as suas disposições literais ou quando se corrompe, julgando sob a influência de peita ou suborno. Postas estas duas ressalvas, que nada alteram a independência essencial ao magistrado, contra os seus erros, na interpretação dos textos que aplica, os únicos remédios existentes consistem nas formas do processo, nas franquias asseguradas à defesa das partes e, por último, nos recursos destinados a promover a reconsideração, a cassação ou a modificação das sentenças, recursos que não se interpõem da justiça para outro poder, mas se exercitam, necessária e intransferivelmente, dentro da própria esfera judicial de uns para outros graus da sua jerarquia.

Fora daí não há justiça, não há magistratura, não há tribunais. Com este nome já não os podereis chamar, se, cometendo-lhes a aplicação da lei, não os constituirdes em árbitros privativos e absolutos da sua interpretação, se da que eles estabelecerem admitirdes recurso para um poder estranho, se acima deles erigirdes uma entidade maior, com a incumbência de lhes retificar as decisões, e lhes castigar os erros. Admitida uma tal organização, quem teria o direito a denominar-se de tribunal, de magistratura, de justiça, era, afinal de contas, unicamente, essa potestade soberana, de cujos oráculos penderiam as sentenças dos julgadores e a sorte destes, sua liberdade, seu patrimônio, sua honra.

Tal extravagância não acudiu jamais à mente de ninguém. Quem quer que saiba, ao menos em confuso, destas coisas, não ignorará que todos os juízes deste mundo gozam, como juízes, pela natureza essencial às suas funções, o benefício de não poderem incorrer em responsabilidade pela inteligência que derem às leis de que são aplicadores. Haverá nisto mal? Alegar poderiam que há o de se consentir em que escapem de corretivo os erros dos tribunais. Mas autoridade humana, que não erre, onde é que nunca se viu? De errar igualmente não serão susceptíveis os revisores agora indicados para os erros dos tribunais? Pois quando acontecer que acabe errada a justiça dos tribunais, não é mais[5] para temer que comece erradíssima a justiça dos chefes de governo e dos chefes de partido, a justiça das secretarias administrativas e das maiorias legislativas? Pois se, de revisão em revisão e de recurso em recurso, a um paradeiro havemos de chegar, onde se estaque, e de onde não se tolere mais recurso, nem revisão, por que iríamos assentar esse último elo na política, em vez de o deixar na magistratura? Pois, se da política é que nos queremos precaver, buscando a justiça, como é que à política deixaríamos a última palavra contra a justiça? Pois, se nos tribunais é que andamos à cata de guarida para os nossos direitos, contra os ataques sucessivos do Parlamento ou do Executivo, como é que volveríamos a fazer de um destes dois poderes a palmatória dos tribunais?

Assim como, porém, não se conhece, por toda a superfície do globo civilizado, nação nenhuma, em cuja legislação penetrasse a idéia, que só ao demônio da política brasileira podia ocorrer, de criar fora da justiça, e incumbir à política uma corregedoria, para julgar e punir as supostas culpas do tribunal supremo no entendimento das leis.

Dessa extravagante situação, igualmente inaudita que absurda, estão, entre nós, livres todos os juízes; pelos termos em que o nosso Código Penal capitula toda a possível delinqüência dessa classe de servidores do Estado. E nisto nos encontramos de acordo com o mundo inteiro, onde todos os sistemas judiciários, de que nos consta, asseguram à magistratura a mais plena irresponsabilidade quanto à apreciação do fato e do direito no ato de julgar[6].

---

[5] Em *O Imparcial*, Rio, 28/11/1914 está: "não é ainda mais".

[6] Cf. Bidermann, Joseph. *La Responsabilité des Magistrats envers les Particuliers*. Bensançon, Typographie et Litographie Joseph Jacques, 1912, p. 213.

A obrigação de compor o dano e a infâmia em que o juiz romano incorria, por violar o Direito e a lei, circunscrevia-se aos casos em que ele a fraudasse com dolo manifesto: "*cum dolo [malo] in fraudem legis sententiam dixerit*"[7].

O princípio não variou até hoje, ainda hoje se tem por inconcusso; e, por este lado, o desenvolvimento das idéias jurídicas, longe de tender para a solução da responsabilidade, cada vez mais dela nos vai distanciando[8].

Não é da Constituição atual que data, no Brasil, a existência de um Supremo Tribunal de Justiça. Com a Constituição de 1823, já possuíamos essa instituição, e, durante os sessenta e seis anos que ela viveu sob a Coroa Imperial, nunca ninguém se lembrou de lhe armar um código especial de criminalidade, e, ainda menos, de submeter esse tribunal à jurisdição de nenhum dos seus jurisdicionados.

Agora estai comigo. Veio a República; e que fez? Trocando, na denominação desse tribunal, o predicativo de *justiça* pelo qualificativo de *federal*, não lhe tirou o caráter de tribunal de justiça, inerente, sobre todos, à sua missão constitucional; senão que, pelo contrário, o ampliou constituindo nele o grande tribunal da Federação, para sentenciar nas causas suscitadas entre a União e os Estados, e em derradeira instância, nos pleitos debatidos entre os atos do governo, ou os atos legislativos, e a Constituição.

Ora, estai no caso. Ele é certo que, com isto cresceu imensamente o papel desse tribunal, e de muito mais gravidade se lhes revestiram as atribuições. Mas daí se poderia seguir, acaso, que, por acautelar o abuso delas, se houvesse de sotopor a consciência do Supremo Tribunal Federal ao jugo extrajudicial e absolutamente político, de uma das casas do Congresso? Nada menos.

Primeiramente, notai. Cada um dos poderes do Estado tem, inevitavelmente, a sua região de irresponsabilidade. É a região em

---

[7] Cujacius, Jacobus. *Opera*. Pratti, Ex Officina Fratr. Giachetti, M.DCCC.XXXIX, t. VII, In. Tit. I, De Judiciis, Lib. V, Digest, ad. L.XV e XVI, col. 223.

[8] Cf. Bidermann, Joseph; ob. cit., p. 213. Cf. Esmein *apud* Bidermann, Joseph, ob. cit., p. 214.

que esse poder é discricionário. Limitando a cada poder as suas funções discricionárias, a lei, dentro nas divisas em que as confina, o deixa entregue a si mesmo, sem outros freios além do da idoneidade, que lhe supõe, e do da opinião pública, a que está sujeito. Em falecendo eles, não há, nem pode haver, praticamente, responsabilidade nenhuma, neste particular, contra os culpados. Dentro no seu círculo de ação legal, onde não tem ingresso nem o Corpo Legislativo nem a Justiça, o Governo pode administrar desastradamente, e causar ao patrimônio público danos irreparáveis. Em casos tais, que autoridade o poderá conter, neste *regímen*? Por sua parte, o Congresso Nacional, sem ultrapassar a órbita da sua autoridade privativa e discricionária, pode legislar desacertos, loucuras e ruínas. Onde a responsabilidade legal, a responsabilidade executável contra esses excessos? E, se os dois poderes políticos se derem as mãos um ao outro, não intervindo, moral ou materialmente, a soberania da opinião pública, naufragará o Estado, e a Nação poderá, talvez, soçobrar. Nem por isso, contudo, já cogitou alguém de chamar, nessas conjunturas[9], deste gênero, não reconhecer outra responsabilidade, senão a da conta que todos os órgãos da soberania[10] a ele devem.

Em outra situação não se acham os tribunais e, com particularidade, o Supremo Tribunal Federal, quando averba de inconstitucionalidade os atos do Governo ou os atos do Congresso.

Declarar, pois, inconstitucionais esses atos quer dizer que tais atos excedem, respectivamente, a competência de cada um desses dois poderes. Encarregando, logo, ao Supremo Tribunal Federal na missão de pronunciar como incursos no vício de inconstitucionalidade os atos do Poder Executivo, ou do Poder Legislativo, o que faz a Constituição é investir o Supremo Tribunal Federal *na competência de fixar a competência* a esses dois poderes, e verificar se estão dentro ou fora dessa competência os seus atos, quando judicialmente contestados sob este aspecto.

Agora o chiste da reforma projetada. O que ela inculca, é que, em excedendo o Supremo Tribunal Federal, quando de tal atribuição faz uso, a sua competência, o Senado o chame a contas, o julgue e o

---

[9] Em *O Imparcial* está: "nessas conjunturas, contra os dois poderes políticos, o poder judicial. É que contra os desacertos".

[10] Em *O Imparcial* está: "soberania nacional".

reprima, condenando-lhe os membros delinqüentes. *Risum teneatis, amici?*

Realmente, nunca se chufeou assim com o senso comum. Vejamos o argumento. Supondo que esse tribunal, ao declarar inconstitucional um ato do Poder Legislativo (cinjamo-nos a estes), exorbite da sua competência, qual é a competência de que ele exorbitou? A competência de sentenciar que, perpetrando esse ato, o Poder Legislativo era incompetente.

Tem o Supremo Tribunal Federal autoridade semelhante? Ninguém o poderá negar; visto como o art. 59, da nossa carta republicana, obriga esse tribunal a negar validade às leis federais, quando contrárias à Constituição, e as leis federais são contrárias à Constituição, quando o Poder Legislativo, adotando tais leis, não se teve nos limites, em que a Constituição o autoriza a legislar, isto é, transpassou a competência, em que a Constituição o circunscreve.

Logo, se o exercício desta função judiciária consiste, *precisamente*, em aquilatar e declarar, na suprema instância, que os atos do Congresso Nacional, isto é, os atos nos quais colaboram a Câmara e o Senado juntos, lhes ultrapassam a competência constitucional; se, pois, da competência desses dois ramos do Corpo Legislativo, acordes e cooperantes, o juiz, na suprema instância, é o Supremo Tribunal Federal, como admitir, que da competência do Supremo Tribunal Federal, nessa decisão, possa vir a ser árbitro, ulteriormente, o Senado, isto é, nem mais nem menos, uma das duas Câmaras do Congresso?

É o superlativo da irrisão, o *nec plus ultra* do absurdo. Atentai bem. Da competência constitucional da Câmara e do Senado, reunidos em Congresso, o último juiz é o Supremo Tribunal Federal. Mas, se, pronunciada por ele a sentença que nega a competência constitucional ao Congresso, não estiver este por ela, da competência desse tribunal em julgar da competência do Congresso o último juiz, o árbitro final, então, vem a ser, única e somente, o Senado.

De sorte que, pela Constituição, o Supremo Tribunal Federal anula as leis do Congresso. Mas o Senado *anula a sentença, que as anular*, fulminando o Tribunal, que a proferir.

Decerto essa Constituição endoideceu, já que de estarem delirando não posso eu suspeitar os doutos comentadores, cujo saber no-la figura assim desorientada e treslida.

Um *regímen* que desse a um tribunal a incumbência de negar validade às leis inconstitucionais, e, ao mesmo tempo, reconhecesse ao Corpo Legislativo o direito de proceder contra as sentenças desse Tribunal, considerando-as como atentados contra a legislatura, seria a vesânia organizada.

Com que qualificação caracterizaríamos agora a insensatez daquele que, depois de confiar a um tribunal a guarda jurídica da Constituição contra as invasões do Corpo Legislativo, reconhecesse a uma só das duas casas que o compõem o arbítrio de chamar à sua barra esse tribunal como réu, literalmente, em cada um dos seus membros, quando dessa autoridade constitucional se atrevesse a usar?

Juntai, porém, ainda por cima, ao destempero de uma Constituição em briga, deste feitio, nas suas próprias entranhas, consigo mesma, juntai a isso a colossal enormidade, que se consumaria contra os rudimentos de toda a justiça, em qualquer tribunal, mantendo impendente à cabeça de cada um dos seus membros a contínua ameaça de responsabilidade e castigo por atos de consciência, como os de interpretação das leis, que houverem de aplicar, e vede se acertais com algum meio de tratar seriamente, no terreno da lógica e da razão, este ousadíssimo gracejo.

Altas origens teve ele, entretanto; e, se não, foi[11], decerto, como gracejo que lhe deram corpo. Nasceu das transcendentes aspirações de uma política decidida a remover todos os tropeços de legalidade no seu caminho para uma dominação total do país.

Umas tinturas superficiais do constitucionalismo americano e às vagas notícias do *impeachment* ensaiado nos Estados Unidos contra alguns juízes persuadiram-na de que lhe não seria de todo inexeqüível a traça de burlar o princípio fundamental do sistema que dali trasladamos, o excelso ascendente da justiça na vida constitucional do *regímen*, criando no Senado uma como inquisição, um tribunal de consciência política, a fim de emascular, turbar e esmagar a consciência jurídica do Supremo Tribunal Federal.

Esqueceram-se de que essa trama tinha no seu próprio objeto a certeza fatal da sua irrealizabilidade. Não admitiram que, propondo-se destruir a Constituição a poder de leis inconstitucionais, vão esbarrar no invencível obstáculo da norma constitucional, por cuja

[11] Em *O Imparcial* está: "e, não foi".

virtude as leis contrárias à Constituição não são leis. Não viram que todo o arsenal de raios imbeles, forjados com esse intento, iria aniquilar-se de encontro à impassibilidade, com que a vítima alvejada se desembaraçaria da impertinência, limitando-se a encolher os ombros, e não tomar conhecimento da iniciativa[12].

Instituído principalmente com o desígnio de recusar execução às leis inconstitucionais, não havia de consentir o Supremo Tribunal Federal em que nele se executassem as mais inconstitucionais de todas as leis contrárias à Constituição. Bastaria, pois, que na evidência dessa inconstitucionalidade se envolvesse, para que, ante o seu *Non possumus*, lhe caísse aos pés, desfeita em nada, a estrondosa inépcia.

Votando uma lei que privasse o Supremo Tribunal Federal da autoridade suprema que a Constituição lhe deu para negar validade às leis a ela contrárias, o Congresso votaria uma lei contrária à Constituição. Bastaria, pois, ao Supremo Tribunal Federal pronunciar-lhe a inconstitucionalidade para que a jurisdição inconstitucional, outorgada por essa lei ao Senado, se desmanchasse como uma bolha de ar. Desobedecendo a esse atentado legislativo contra a Constituição, a essa usurpação do Congresso, o Supremo Tribunal Federal se haveria resistente e insubmisso ao abuso da legislatura, para se haver submisso e fiel ao mandado soberano da Constituição, como haver-se costuma e deve, quando quer que a lei ordinária, rebelando-se contra a lei constitucional, deixa de ser lei, e, como tal, cai sob a alçada repressiva daquela justiça.

Não é verdade?

Sim e muito que sim, meus senhores; porquanto, sendo essa instituição, peculiar ao tipo federativo de origem americana, ou, segundo a teoria de Marshall, à natureza das constituições regidas[13], essa, a instituição pela qual o Supremo Tribunal Federal está de vela, na cúpula do Estado, a todo o edifício constitucional, sendo, torno a dizer, essa instituição, a todas as outras sobreeminente neste ponto de vista, a instituição equilibradora, por excelência, do *regímen*, a que mantém a ordem jurídica nas relações entre a União e os seus membros, entre os direitos individuais e os direitos do

[12] Em *O Imparcial* está: "tolice".

[13] Em *O Imparcial* está: "rígidas".

poder, entre os poderes constitucionais uns com os outros sendo esse o papel incomparável dessa instituição, a sua influência estabilizadora e reguladora influi, de um modo nem sempre visível, mas constante, profundo, universal na vida inteira do sistema. Nem ela sem ele, nem ele sem ela poderiam subsistir um momento.

O que se guarda, pois, no bojo desse tentâmen, destinado a sumir-se e ressurtir com as reaparições ou os eclipses da legalidade na existência nacional, é a transformação do *regímen* democrático na oligarquia de uma facção imperante no Congresso e centralizada no Senado.

Por isso é que, do aparelho constitucional, na organização da responsabilidade criminal para os nossos grandes magistrados, só essa peça escaparia: a jurisdição do Senado, a peça do maquinismo que mais a frisar está com os interesses da conspirata contra a justiça. Dessa responsabilidade, amplificada e desvirtuada, o juiz privativo seria o Senado, como a Constituição manda quanto à responsabilidade (tão diversa!) que ela estabelece.

Aí se respeitaria a indicação constitucional, visto que nenhuma outra quadraria mais ao justo com o espírito da reforma subversora.

Se no próprio Supremo Tribunal Federal não estivesse, destarte, a barreira insuperável a essa atrevidíssima veleidade, no próprio Supremo Tribunal Federal, insisto, no seu direito inabalável, inalienável, inamissível, no seu direito, que ninguém lhe pode arrebatar e de que ele em caso nenhum poderia decair nesse direito revestido e abroquelado pelo mais eminente dos seus deveres, o *direito-dever* de guardar a Constituição contra os atos usurpatórios do governo e do Congresso; — nesse[14] próprio Tribunal, torno a dizer, não se achasse a muralha invencível a esse cometimento delirante, a Constituição brasileira, na sua essência, estaria toda ela tumultuada e revogada.

Levantando voz de restabelecer a lei constitucional, o que esse aborto de monstruosidade viria pois realmente fazer, era adulterá-la com escândalo à luz do sol, e desmontá-la pelos alicerces.

Os crimes de responsabilidade dos membros do Supremo Tribunal Federal, que a Constituição incumbiu ao Senado a missão de julgar, estavam classificados na lei penal preexistente e, pela sua

[14] Em *O Imparcial* está: "se nesse".

natureza não deixavam a essa casa do Congresso autoridade nenhuma de onde pudesse resultar ameaça à integridade moral desses magistrados.

No decidir se eles julgaram contra disposição literal da lei, o que se cometeu ao Senado é, meramente, a verificação de um fato material. Quando a lei comina a um crime a prisão, o julgador, que lhe aplica a morte[15], violou a lei na sua expressão material. Casos deste gênero não abrem margem ao arbítrio. Semelhantemente, quando se responsabiliza um juiz, porque aconselhe as partes, porque recuse ou demore a administração da justiça, porque intervenha nas causas em que a lei o declara suspeito, porque se corrompa ou venda, porque subtraia ou consuma documentos dos autos, porque solicite mulher que tenha litígio no seu juízo, porque dê ao público o escândalo da incontinência ostensiva, da embriaguez, do vício de jogos proibidos, nada perde, nesses como nos demais casos análogos, com a chamada a contas dos culpados, a inteireza da justiça, cujos distribuidores não podem ser irresponsáveis, se afrontam publicamente a moral, quebram abertamente com a lei, e rompem materialmente com os seus deveres precisos. Tais as hipóteses do *impeachment*, as que a Constituição brasileira contempla, quando estatui que o Senado julgará os crimes de responsabilidade do Supremo Tribunal Federal.

Mas o que se engenha agora é torcer destes limites estritos essa autoridade, para abrir, de roda a roda, ao seu domínio, à sua invasão a consciência da magistratura suprema, o seu foro íntimo, aquela região defesa a toda a responsabilidade, onde se elaboram as convicções do magistrado, onde o espírito do juiz vai beber a sua apreciação da lei que tem de aplicar. Eis a investidura em que agora se quereria colocar uma das Câmaras do Congresso Nacional, exatamente para esbulhar o Supremo Tribunal Federal da sua missão de vigiante sobre os atos do Corpo Legislativo, para desvencilhar o Corpo Legislativo do obstáculo, que aos seus desmanchos pôs a Constituição nas atribuições inapeláveis desse grande tribunal.

Destarte aquele sobre quem se havia de exercer a suprema justiça, esse é o que sobre ela exerceria a justiça suprema. Que homens de lume no olho!

[15] Em *O Imparcial* está: "pena de morte".

A política brasileira fez do Congresso Nacional um laboratório de atentados e o homizio dos crimes do Poder Executivo. Verificado isso, os reivindicadores da própria irresponsabilidade e os acobertadores da irresponsabilidade presidencial arvoram-se a si mesmos em aplicadores de uma responsabilidade judiciária até agora ignota, destinada a emancipá-los da justiça.

Um código draconiano, já formulado, regeria o exercício dessa magistratura *superior à suprema*. Um código em que todos os atos de independência concebíveis nos ministros da nossa mais alta magistratura se achassem previstos e recebessem daqueles, para conter os quais ela foi especialmente instituída, uma expiação exemplar. Um código em cujo sistema de processo e criminalidade, inquisitorialmente constituído, a integridade judiciária dos guardas supremos da Constituição se reduzisse a massa de pílulas como simples drogas trituradas no gral dos interesses do poder.

Não há nada mais lógico. A política, depois de ter erigido, a pedra e cal, para as culpas de todos os seus agentes, a mais ampla irresponsabilidade, criaria, deste modo, para os que a Constituição instituía como supremo amparo contra tais excessos, a responsabilidade mais severa, e em tribunal desta responsabilidade arvoraria o corrilho do Senado, a assembléia dos mais acompadrados no interesse pela absolvição desses crimes.

Determinou a Constituição que dos excessos do governo e do Congresso Nacional julgasse em derradeira instância o Supremo Tribunal Federal. Que iríamos fazer agora? Determinaríamos que do acerto das sentenças do Supremo Tribunal Federal no exercício dessa magistratura suprema julgue em instância revisora uma das casas do Congresso Nacional. Era uma alteração de nonada no *regímen*. Tão-somente lhe viraríamos do avesso a Constituição. Sacrifício bem leve a troco do lucro obtido com arrasarmos a horrível ditadura judiciária.

Parece que esta é, realmente, a ditadura sob a qual o país se viu reduzir ao estado atual, a petição de miséria; e, se dela não lográssemos obter salvamento menos que acaçapando a Constituição debaixo da cama dos chefes de partido, valeria bem a pena sujeitar-nos a passar logo, sem constrangimentos constitucionais de espécie alguma, por essa transformação total do *regímen*, contanto que acabássemos com os truculentos ditadores do Supremo Tribunal.

Por que singularidades climatéricas seria que a justiça federal aqui viesse, aqui, a ser o poder agressivo, o poder minaz, o poder absorvente denunciado pelos oráculos do republicanismo brasileiro?

Não pensavam assim os grandes homens de Estado, a cujo tino se deve a Constituição dos Estados Unidos. Se manuseardes *O Federalista*, vereis como Hamilton advoga ali essa autoridade extraordinária, que os patriarcas da grande república entregavam à justiça federal sobre os atos do Congresso e do Executivo. O Judiciário, observava o célebre americano, é o mais fraco dos três ramos do poder e, conseguintemente, o menos propenso a usurpar, não tendo influência alguma sobre a espada ou a bolsa pública, não podendo, assim, tomar nenhuma deliberação ativa, e dependendo, até, afinal do governo para a execução das próprias sentenças[16]. Dele, pois, não é de temer que empreenda nada contra as liberdades constitucionais. Todas as cautelas, pelo contrário, deve adotar o povo, para que o Judiciário não seja suplantado pelos outros dois poderes[17], e, quando entre as duas opressões houvéssemos de optar, menos grave seria sempre a dos tribunais que a dos governos ou a dos congressos[18].

Estava reservado ao Brasil descobrir, no jogo normal das instituições que copiamos aos Estados Unidos, a ditadura judiciária, balela ridícula, a que a ciência e a experiência americana lavraram, há já um século e um quarto, essa vitoriosa resposta.

As preocupações dos nossos mestraços em sabedoria política, gente de cujo valor temos a cópia na sua grande obra, o estado atual do País, se fossem porventura sinceras, teriam de se filiar na doutrina francesa, no sistema ultramarino da inferioridade ou subordinação do Poder Judiciário aos atos do Poder Legislativo, constitucionais ou inconstitucionais. Esse, o princípio geral das constituições, que não se categorizam entre os descendentes dos Estados Unidos. A supremacia, contra a qual aqui se estão levantando agora os interes-

---

[16] Cf. Hamilton, Alexander *et alii*. *The Federalist*. A Commentary on the Constitution of the United States. New York, Henry Holt, nº 78, p. 518-9.

[17] Cf. Haines, Charles Grove. *The Conflict over Judicial Powers in the United States to 1870*. New York, Columbia University, 1909, p. 39 (Studies in History, Economics and Public Law).

[18] *Id.*, *ib.*, p. 32.

ses políticos, a supremacia da justiça na solução das questões de constitucionalidade, é a grande característica do *regímen* e a sua garantia suprema[19].

Ainda entre os melhores publicistas europeus, dentre os quais, falando nos mais modernos, bastaria citarmos o nome de Boutmy, essa posição constitucional da justiça nos Estados Unidos, se considera como "uma das invenções mais originais, inesperadas e admiráveis, que na história do Direito Público se encontram"[20]. Tocqueville, com a sua imensa autoridade, a encarecia como "uma das mais poderosas barreiras, que nunca se elevaram contra a tirania das assembléias políticas"[21].

Essa tirania era a que, nos Estados Unidos, mais inquietara os patriarcas do *regímen*, e, entre estes, ainda aos que mais se distinguiam pelo radicalismo da sua democracia.

> Combatido temos, dizia Jefferson [o maior deles], temos combatido, não para estabelecer um despotismo eletivo, mas para fundar um governo livre... Ora, certo é que a opressão coletiva de muitos déspotas pesaria com tanto peso quanto o de um só. Pouco faz ao caso que com os nossos sufrágios os elejamos[22].

Essa idéia tem se propagado hoje no próprio continente europeu, havendo, até na França, uma notável corrente de opinião, entre publicistas e jurisconsultos, estadistas e magistrados, cujos trabalhos reivindicam para a justiça esse poder, que a Constituição dos Estados lhe reconheceu, e uma conjuração de interesses na política brasileira hoje lhe quer subtrair arrojadamente.

Na Constituição brasileira, essa aspiração triunfou em declarações categóricas; e é contra esse triunfo, o maior do nosso direito político, da nossa história constitucional, que se debatem agora o iliberalismo e o obscurantismo da política brasileira empenhada em

---

[19] Cf. Elihu Root *apud* Bowman, Harold M. "Congress and the Supreme Court". *Political Science Quarterly*, New York, 25: 21-2, 1910.

[20] *Apud* Proal, Louis. "Le Rôle du Pouvoir Judiciaire dans les Républiques". *Revue Politique et Parlamentaire*, Paris, 56: 560, juin, 1908.

[21] *Id.*, *ib.*, p. 560-1.

[22] *Id.*, *ib.*, p. 560.

voltar à omnipotência legislativa, em recolocar o legislador acima da Constituição.

Recusando execução aos atos do Congresso Nacional viciados claramente de inconstitucionalidade, a justiça federal não usa tão somente do seu direito. Este direito lhe resulta da competência, que para tal lhe foi conferida. Mas, essa competência, formulada peremptoriamente nos arts. 59 e 60 da Constituição brasileira, não exprime uma faculdade: traduz um dever, estrito e imperioso, o dever capital dessa magistratura em um *regímen* de poderes limitados, a sua missão específica do *regímen* federativo, onde, entre a União e os Estados, entre a soberania daquela e a autonomia destes, era mister um árbitro com alçada inapelável nos conflitos constitucionais.

Erguida entre potestades tamanhas como barreira insuperável às demasias de parte a parte, a suprema justiça federal não poderia escapar sempre ao embate das irritações políticas, contrariadas, ora de um lado, ora de outro, pelo arbitramento dessa magistratura. De vez em quando uma lufada mais violenta se levanta contra ela. Por vezes o clamor político, ora dos governos, ora das maiorias, ora das classes contrariadas, lhe sopra derredor com a rijeza dos vendavais. Mas a grande instituição, a mais liberal e, ao mesmo tempo, a mais conservadora do *regímen*, vai atravessando com serenidade essas inclemências passageiras.

Nos Estados Unidos, através de todas as contradições que, ali mesmo, o têm embatido, a opinião geral lhe atribui o mérito de ser o maior benfeitor da Constituição, de a ter abrigado contra as paixões e os ímpetos do povo, contra os desvarios dos partidos, contra os maus sentimentos regionais[23]. É o grande instrumento de conciliação na história do país[24].

Os americanos, diz um publicista germânico da maior autoridade, os americanos podem articular restrições e fazer reservas quanto ao presidente e ao seu gabinete, quanto ao Senado e à Câmara dos representantes.

---

[23] Cf. Williams, John Sharp. "Federal Usurpations". *The Annals of the American Academy of Political and Social Science*, Philadelphia, 32: 206, july/dec. 1908.

[24] Cf. Münsterberg, Hugo. *The Americans*. London, Williams and Norgate, 1905, p. 109.

Mas todo o americano capaz de bem julgar olha para a Suprema Corte com uma admiração sem reserva. Todos eles sabem que nenhuma força, naquela terra, tem feito mais pela paz, pela prosperidade, pela dignidade dos Estados Unidos[25].

Se nem sempre essa gratidão, essa compreensão dos seus benefícios ali se têm expressado com a devida unanimidade, é que, estabelecida, sobre todas, com a missão de amparar os fracos contra os fortes, os Estados contra a União, os indivíduos contra os governos, as minorias contra as maiorias (tudo isso em que se traduz, principalmente, a missão de guardar a lei constitucional contra a lei ordinária, o direito estável contra o direito variante, as franquias eternas da liberdade contra seus inimigos renascentes sob as transformações infinitas da intolerância e da força) — estabelecida com esse destino de pára-choques entre elementos e quantidades tão desiguais, não poderia a Suprema Corte, ainda que as suas decisões emanassem do céu, e tivessem invariavelmente um cunho divino, não poderia uma ou outra vez, de onde em onde e de longe em longe, deixar de ser desagradável a muitos, aos maiores, às massas.

No Brasil, onde os governos costumam ser os pais e senhores das maiorias políticas, incorre, de ordinário, na malquerença das maiorias militantes o Supremo Tribunal, desaprazendo aos governos. Nos Estados Unidos, pelo contrário, onde as maiorias legislativas derivam regularmente das maiorias populares, é a estas que contraria a Suprema Corte, quando embaraça os atos da legislatura, na União, ou nos Estados.

O desenvolvimento da legislação social na grande república norte-americana, indo ao encontro das reivindicações socialistas, ao mesmo passo que acoroçoa a novas conquistas e exigências cada vez maiores à expansão democrática, suscita litígios da mais extrema delicadeza, na solução dos quais se estabelecem conflitos graves entre o clamor popular, a marcha triunfal das idéias vencedoras e a santidade constitucional desses direitos, enumerados na declaração americana, cuja guarda o pacto federal recomenda aos grandes juízes da União. Nesse caminho, claro está que as sentenças da justiça, adstrita à observância desses textos sagrados, não se podem adiantar com a mesma pressa que as reformas legislativas.

---

[25] *Id., loc. cit.*

Daí os atritos, os ataques, as sem-justiças, com que a impaciência dessa corrente, nestes últimos dois ou três anos, tem recebido as decisões moderadoras da Suprema Corte, argüindo-a de tendências hostis ao espírito da legislação mais recente. A verdade, porém, é que os atos do grande tribunal respondem com vantagem a esses desabafos de um insofrimento[26], aliás natural. Longe de se mostrar reacionária, a Suprema Corte, nos Estados Unidos, se tem havido com firmeza e consistência em sustentar as leis estaduais de caráter progressivo[27].

De 1887 a 1911, período em que se multiplicaram, na legislação econômica e social daquele país, as medidas mais adiantadas, algumas de tipo radical, não menos de quinhentas e sessenta decisões proferiu sobre esses assuntos a Suprema Corte, e apenas em três, inclusive o caso "Lochner *v.* New York", concernente à limitação do trabalho diário nas padarias a nove horas, averbou de inconstitucionalidade esses atos[28].

Em um livro que acaba de publicar[29], William Taft, o ex-Presidente dos Estados Unidos, mostra o espírito de progresso, que tem desenvolvido a Suprema Corte, conciliando as garantias constitucionais que resguardam o direito de propriedade, o direito dos contratos e a liberdade do trabalho, com as mudanças operadas, em nossos dias, nas relações comerciais e nas condições sociais. Sem variar da Constituição, nem a esquecer, o grande tribunal tem conseguido harmonizar a sua jurisprudência, através de todas as dificuldades, que essa evolução dificílima lhe opõe, com os sentimentos contemporâneos da nação, com a consciência atual do país.

Se a heresia antijudiciária, afagando as paixões populares, acabasse ali por levar de arrancada o senso jurídico e o bom senso americano, com essa transformação, mais que radicalíssima, na substância moral do *regímen*, é o próprio gênio daquelas instituições

---

[26] Em *O Imparcial* está: "sofrimento".

[27] Cf. Warren, Charles. "The Progressiveness of the United States Supreme Court". Sep. da *Columbia Law Review*. Washington, abril, 1913.

[28] *Id., ib.*

[29] Taft, William Howard. *The Anti-Trust Act and the Supreme Court*. New York, Harper & Brothers, 1914.

que se veria morrer não menos que como morre a liberdade constitucional em outras democracias, quando as nações, deseducando-se da boa disciplina que as tem criado e engrandecido, rompem com as suas tradições tutelares.

A questão com que ora nos defrontamos, dizia, o ano atrasado, na Escola de Direito de Yale, uma voz autorizada,

> a questão que ora temos frente a frente é se havemos de abandonar os nossos antigos ideais. Continuamos a ser um governo da lei, ministrado pelos tribunais ou iremos converter-nos em um governo de agitadores desinsofridos, que apenas toleram lei e tribunais, enquanto os tribunais e a lei estão de acordo com as veleidades populares da ocasião? Graves questões são estas, que interessam a raiz mesmo do nosso sistema de governo[30].

E como lhes responde o tino político da nação americana? Fiando inteiramente de si mesma a resistência e o triunfo contra esses indícios de um mal, que a sua vitalidade eliminará sem abalos no vigor do organismo. "A nossa república anglo-saxônia", raciocinam ali os melhores espíritos,

> sempre se prezou de senso comum, que anima o nosso povo, sempre se desvaneceu de que as teorias extremadas nos não encantam, de que nos não enfeitiçamos de frases nem caímos em chamarizes de palavreado. A índole conservadora do nosso povo já se tornou proverbial, e o nosso foro tem sido a força guiadora que preserva as aspirações populares de se esgarrarem, seduzidas por ídolos estranhos[31].

Com esse temperamento de uma raça caldeada em séculos de jurismo, se me consentis de cunhar o vocábulo, e com as luzes dessa cultura jurídica, em que nos Estados Unidos, com a classe dos advogados, brilha a magistratura americana, mais os seus profes-

---

[30] Hornblower, William B. *The Independente of the Judiciary, the Safeguard of Free Institutions*. Washington, Government Printing Office, 1913, p. 4.

[31] *Id., loc. cit.*

sores, os seus escritores, a florescência exuberante das suas universidades, com todos esses elementos se constitui uma base de estabilidade, onde as agitações do radicalismo socialista encontram o necessário quebra-mar.

Os americanos sentem que

> a civilização consiste em submeter as vontades da maioria aos direitos da minoria. Os ideais de que se nutre a civilização consolidaram-se à força de lento, desvelado e penoso labutar[32].

Alimentado nessa educação, aquele povo, nas classes onde reside o seu elemento vital, não se ilude quanto à natureza desorganizadora das aventuras revolucionárias, que se lhe reservariam na reação contra a justiça. Ele não a quer substituir pela violência, pela ditadura das multidões, pelos imprevistos de uma democracia sem freios.

De quando em quando, observa o escritor que acabamos de ouvir,

> de quando em quando nos sentimos chamados a arcar com uma explosão de paixões primitivas, sob as formas da Lei de Lynch[33]. O espírito da Lei de Lynch tanto se pode manifestarem acometimentos contra indivíduos como em investidas aos tribunais. Os nossos maiores, neste país, traçaram salvaguardas aos direitos da minoria contra os impulsos transitórios da maioria, impondo restrições constitucionais à autoridade legislativa. E, com o dever que lhe incumbe, assim de precisar, como de pôr por obra essas limitações constitucionais, recusando execução às leis viciosas por inconstitucionalidade, o Poder Judiciário veio a ser, para esses direitos fundamentais da maioria[34], a proteção e a defesa[35].

Descumprida essa missão,

---

[32] *Id., loc. cit.*

[33] A Lei de Lynch deve seu nome a um juiz da Virgínia (EUA), do século XVII. Consistia em julgar, condenar e executar sumariamente, durante a sessão, os criminosos apanhados em flagrante delito.

[34] Na obra citada está: “fundamental rights of the minority”.

[35] *Id., loc. cit.*

> dia virá, em que a força ocupe o lugar do direito, e ao governo do povo todo por todo o povo, e para todo o povo suceda o governo absoluto de uma simples maioria do eleitorado em benefício exclusivo dessa maioria mesma. Nesse dia terá expirado o governo da lei e da ordem[36].

Mas, esse dia não temos receio que chegue, temos fé que não chegará, certeza temos que não pode chegar, preservada como se acha a nação americana de tamanha, tão imensa, tão infinita calamidade pelo instinto jurídico do seu temperamento e pelo caráter jurídico da sua cultura.

Se, porém, tal calamidade se pudesse verificar, o que nela se abismaria não eram só os destinos do *regímen* federativo: era a própria sorte do governo presidencial. Um Estado constituído por uma união indissolúvel de Estados, como é a Federação, não pode manter a comunhão estabelecida entre estes, sem um grande conciliador judiciário, um tribunal, que lhes dirima os conflitos.

O presidencialismo, por sua vez, não tendo, como não tem, os freios e contrapesos do governo parlamentar, viria a dar na mais tremenda forma do absolutismo, no absolutismo tumultuário e irresponsável das maiorias legislativas, das multidões anônimas e das máquinas eleitorais, se os direitos supremos do indivíduo e da sociedade, subtraídos pela Constituição ao alcance de agitações efêmeras, não tivessem na justiça o asilo de um santuário impenetrável.

Os que, no Brasil, resolvemos de não entregar esta bandeira, os que determinamos de a sustentar contra tudo, os que não tememos de errar, com ela abraçados, os que esperamos de a ver dominando, afinal, a política republicana, os que juramos de a servir com toda a constância de uma convicção quase religiosa, temos, para no-la alimentar e retemperar, a lição não desmentida nunca em toda a experiência humana, de que, em todas as espécies de governo compatíveis com a nossa condição livre de homens, a necessidade fundamental está em opor um sólido refreiadoiro ao uso excessivo e caprichoso do poder.

---

[36] *Id.*, *ib.*, p. 15.

[37] Thom, Alfred P. *The Judicial Power and the Power of Congress in its Relation to the United States Courts.* Washington, s. ed., 1912, p. 16.

"Meio único e só."

Ora,

> o meio único e só, até hoje descoberto, com o qual o povo pode opor a si mesmo esses freios, são os tribunais de justiça, criados para medir a justiça aos fracos e indefensos, assim como aos fortes e poderosos, com ânimo igual, honesto e destemido[37].

Contra estas verdades certas e sem engano teçam os empreiteiros do serviço oficial os argumentos do costume. Não serão, sequer, desses a que aludia o grande pregador, "argumentos de grande boato, antes de se lhe tomar o peso". São argumentos, cujo ressoar de ocos não dá nem mesmo para boato. O dia que com eles nos embaraçássemos teríamos desaprendido o que sabemos das primeiras letras em matéria constitucional.

Mas a justiça não pode ser esse dique sério, que se quer às exorbitâncias dos outros dois poderes, às suas correrias no território da inviolabilidade assegurado pela carta do *regímen*, aos direitos nela declarados, se esses dois poderes se não considerarem na obrigação mais estrita de ceder e recuar ante a justiça, quando promulgadas as suas supremas sentenças. Aqui não há meio-termo. Ou tudo, ou nada. Ou a tal não se acham adstritos esses dois poderes; e então um e outro são soberanos na discrição de se excederem. Ou, se o limite dos seus excessos reside eficazmente na justiça, as sentenças finais desta impõem-se ininfringivelmente aos outros dois poderes.

Da essência da posição do Supremo Tribunal Federal entre as demais instituições americanas é, portanto, que esse tribunal seja o juiz supremo e irrecorrível da sua competência, assim como da dos outros poderes do Estado[38]. Quando ele se pronuncia, a sua decisão constitui, definitivamente, lei[39], é a mais alta lei do país, "*the highest law of the land*"[40], e não se pode revogar senão mediante reforma da Constituição[41].

---

[38] Cf. Watson, David K. *The Constitution of the United States*. Chicago, Callaghan, 1910, vol. II, p. 1.183, 1.190 e 1.192.

[39] Cf. Münsterberg, Hugo. *The Americans*, cit., p. 106.

[40] *Id.*, *ib.*, p. 110.

[41] *Id.*, *loc. cit.*

A outra doutrina, a que pretendesse conciliar com a missão, confiada à justiça, de árbitra suprema nas questões de constitucionalidade, o jus, reservado ao governo e ao Congresso, de não se submeterem aos seus julgados, nessas controvérsias, essa doutrina atribuiria àquele sobre quem se outorga a jurisdição, privativa, o direito de anular a competência daquele, a quem a jurisdição foi privativamente outorgada. Contradição nos termos. Absurdo palpável. Inversão manifesta. Disparate rematado.

Nessas matérias os outros poderes julgam unicamente em *primeira instância*[42]. Quando o governo ou o Congresso praticam um ato, é que o reputam constitucional, e, praticando-o, lhe conhecem, até aí, da constitucionalidade. Mas, em intervindo na espécie o julgador supremo, se o seu julgamento nega a constitucionalidade a esse ato, cessou a lide, e a autoridade neste ponto sujeita a recurso, cede à outra, de cuja decisão nenhum recurso pode haver. A segunda instância reforma as decisões da primeira. Esta, seja o Presidente da República, seja o Congresso Nacional, não pode, constitucionalmente, resistir ao julgado supremo.

O Supremo Tribunal, logo, sendo o juiz supremo e sem apelo na questão de saber se qualquer dos outros dois poderes excedeu à sua competência, é o último juiz, o juiz sem recurso, na questão de saber se é, ou não, político o caso controverso. Porque a segunda questão outra coisa não vem a ser que a primeira. *Políticos* se chamam os assuntos privativos, à competência do Executivo ou do Congresso. Portanto, se da competência do Executivo e do Congresso, o árbitro final é o tribunal supremo, na questão de ser político ou não o ato discutido, o tribunal supremo é o árbitro final.

Nem, a tal respeito, não há dúvidas nos Estados Unidos. O direito, que no Brasil agora se pretende avocar ao Congresso Na-

---

[42] Cf. Bondy, William. *The Separation of Governmental Powers in History, in Theory, and in the Constitutions*. New York, Columbia College, 1896, p. 62 (Studies in History, Economics and Public Law, vol. V, nº 2). Garner, James Wilford. *Introduction to Political Science*. New York, American Book, 1910, p. 596.

[43] Cf. Elliott, Charles B. "The Legislatures and the Courts: The Power to Declare Statutes Unconstitutional". *Political Science Quarterly*. New York, 5: 226, 1890.

cional (e, até, ao governo), de rejeitar, como invasores da sua autoridade, sentenças do Supremo Tribunal Federal, importaria em elevar o Congresso Nacional a juiz definitivo dos seus próprios poderes. É o que existia nos Estados Unidos antes da Constituição, um de cujos objetos foi justamente remediar a esse estado anárquico de coisas, dando ao Poder Judiciário a situação arbitral, que passou a ocupar entre os outros dois poderes[43]. É o que existe em todas as constituições européias. A Constituição dos Estados Unidos transferiu (e esta é a sua feição capital), transferiu essa atribuição do Congresso para a Corte Suprema[44].

Se o Presidente da República ou o Congresso Nacional pudessem recusar execução às sentenças do Supremo Tribunal Federal, pelas considerar inconstitucionais, ter-se-iam, destarte, constituído em instâncias revisoras dos atos daquela justiça[45]. Toda a vez que o Poder Executivo, seja qual for o motivo alegado, negue obediência a uma decisão judicial definitiva, incorrerá em quebra formal da Constituição, e, portanto, na mais grave das responsabilidades[46].

"Não há nada, realmente, mais artificial", diz um respeitável autor moderno,

> do que a distinção entre questões políticas e jurídicas. Questões políticas há (acabamos de o ver, falando na interpretação dos tratados), que são questões jurídicas.[47]

Político fora da presença da justiça, um litígio pode assumir o caráter de judiciário, assumindo a forma regular de uma ação[48].

---

[44] Cf. Willoughby, Westel Woodbury. *The Constitutional Law of the United States*. New York, Baker, Voorhis, 1910, vol. I, p. 2, 4. Noailles, Duc de. *Cent Ans de République aux États-Unis*. Paris, Calmann Lévy, 1899, vol. II, p. 145.

[45] Cf. Bondy, William. *The Separation of Govemmental Powers*, cit., p. 66.

[46] *Id., ib.*, p. 67.

[47] Curtius, M. F. Donker. "Cassation et Arbitrage." *Revue de Droit International et de Législation Comparée*, Bruxelles, 12(2):34, 1910.

[48] Cf. Randolph, Carman F. *The Law and Policy of Annexation*. New York, Longmans, Green, 1901, p. 105. Guitteau, William Backus. *Government and Politics in the United States*. Boston, Houghton Mifflin, 1911, p. 220.

O efeito da interferência da justiça, muitas vezes, não consiste senão *em transformar*, pelo aspecto com que se apresenta o caso, uma questão *política* em questão *judicial*.

Mas a atribuição de declarar inconstitucionais os atos da legislatura envolve, inevitavelmente, a justiça federal em questões políticas[49]. É, indubitavelmente, um poder, até certa altura, político, exercido sob as formas judiciais[50]. Quando a pendência toca a direitos individuais, a justiça não se pode abster de julgar, ainda que a hipótese entenda com os interesses políticos de mais elevada monta[51].

Para ver que esta função, pelo menos no Tribunal Supremo, é, substancialmente e às vezes eminentemente, política, basta refletir que política, no mais alto grau, é a fixação das relações constitucionais entre a União e os Estados, e, todavia, ao Supremo Tribunal é que toca estabelecê-la. Políticas vêm a ser, indubitavelmente, as questões suscitadas sobre o direito a cargos políticos. E, não obstante, da competência da justiça federal na decisão de tais controvérsias, ainda mesmo quando o título discutido seja o de governador de Estado, não minguam de todo arestos, na jurisprudência americana.

Toda a história dos Estados Unidos, em suma, está cheia da ação política da Suprema Corte, ação exercida, é certo, sob a reserva severa das formas judiciais, mas nem por isto menos política, assim na sua substância, como nos seus resultados. Esta ação, dominando a política mediante a interpretação constitucional quanto aos direitos da União e aos dos Estados, tem pendido ora para estes,

---

[49] Cf. Beard, Charles A. *American Government and Politics*. New York, Macmillan, 1915, p. 310, 314. Garner, James Wilford. *Introduction to Political Science*, cit., p. 606.

[50] Cf. Willoughby, Westel Woodbury. *The Constitutional Law of the United States*, cit., vol. II, p. 1.009 e 1.011. Watson, David K., *The Constitution of the United States*, cit., vol. II, p. 1097.

[51] Cf. *Cases Argued and Decided in the Supreme Court of the United States*. James E. Boyd, *Plffs. in Err. v.* The State of Nebraska, *ex rel.* John M. Thayer. 143 United States, 135. Lawyers' Edition, 36: 103. Wilham S. Taylor and John Marshall, *Plffs. in Err. v.* J. C. W. Beckhan, *Dft. in Err.* 178 United States, 548. Lawyers Edition, 44:1.187. Baldwin, Simeon E., *The American Judiciary*, cit., p. 48-9.

ora para aqueles, favorecendo, em certas épocas, a expansão da autoridade nacional, e estreitando, em outros períodos, essa autoridade.

Cem vezes já se tem dito que *casos políticos*, no sentido em que se utiliza esta qualificação, para excluir a ingerência da justiça, vêm a ser os que o são *exclusivamente*, e têm o caráter de absolutamente discricionários[52].

Mas, ainda no aplicar deste critério, sob qualquer das duas formas em que ele se enuncia, convém proceder com o maior tento; porque uma e outra, quando não utilizadas com a devida atenção, nos podem equivocar sobre as verdadeiras divisas, que estremam o território político do judicial.

Emergências haverá, e tem havido, na América do Norte, em que a Suprema Corte se tenha visto obrigada a conhecer de questões *meramente políticas*. Em tal caso estão as de duplicatas de governos estaduais[53].

Mas por quê? Porque na espécie em litígio se suscita controvérsia *acerca de um direito precisamente definido na lei.*

Quando tal discussão, com efeito, surgir entre particulares em um litígio travado sobre a subsistência legal de contratos, que se houverem celebrado sob as leis de um desses governos[54], lícito não é ao Tribunal abster-se de se pronunciar sobre uma questão, que ele evitaria como política, se debaixo de outro ponto de vista ali se suscitasse.

Por outro lado, ainda em relação ao exercício de funções discricionárias pode caber a interferência judicial, ensinam os mestres da jurisprudência americana, se delas "abusar clara e grosseiramente" o poder, a quem *competirem*[55]. Dar-se-á essa hipótese, quando, por exemplo, a pretexto, em nome ou sob a cor de exercer atribuições tais, o governo ou o Congresso as ultrapassarem, perpetrando atos, que, evidentemente, nelas não caibam.

---

[52] Cf. Bondy, William. *The Separation of Governmental Powers*, cit., p. 62.

[53] Cf. James, Edmund J. "Bryce's American Commonwealth". *Annals of the American Academy of Political and Social Science*, Philadelphia, 7: 395-8, jan./june, 1896.

[54] Em *O Imparcial* está: "gêneros".

[55] Cf. Bondy, William. *The Separation of Govemmental Powers*, cit., p. 126-7.

Ainda quando se trate de poderes *totalmente discricionários*, o de que não conhecem os tribunais, é *do modo* como tais poderes, uma vez existentes, são exercidos, nas raias que lhes traçou a eles a lei. Mas da alçada incontestável dos tribunais será entenderem na matéria, para examinar duas questões, se forem levantadas: a da existência desses poderes e a da sua extensão, comparada com o ato controverso. Se a autoridade *invoca uma atribuição existente*[56], embora discricionária dentro dos seus limites, não pode a justiça recusar o socorro legal ao direito, do indivíduo ou do Estado, que para ela apelar.

Assim é que, embora se haja por inteiramente política e absolutamente discricionária, nos órgãos da soberania nacional a quem pertence, *a declaração* do estado de sítio, se os *atos de execução* excederem a medida constitucional ou legal, legítima será e indenegável a interposição da justiça, já quanto à restituição do direito extorquido, já quanto à reparação do dano causado.

O autor que, mais recentemente e mais *ex professo*, ventilou esta matéria, tão obscurecida, no Brasil, pelas sutilezas e chicanas dos sofistas políticos, é o que mais luz derrama no assunto; e as fórmulas, a que chegou, são, a meu ver, claras e terminantes.

"Não há", diz ele:

> *não há exceção ou exclusão contra os casos que apresentem questões de natureza política ou envolvam atos oficiais dos ramos políticos do governo.* Quando quer que se impugnarem medidas *políticas*, legislativas, executivas ou administrtivas, em um pleito legal, como causa próxima de uma lesão de onde resulte dano, alegando-se que tais medidas não são autorizadas pelas leis do país, ou as transgridem, esses atos se tornam sujeitos ao conhecimento da justiça; entendendo-se que, ou emanem do presidente, ou provenham dos seus subordinados, ou sejam diretamente autorizados pelo Congresso, investido está o tribunal de jurisdição, para, na lide pendente, de direito ou eqüidade, caso ela envolva esses atos, quanto à sua constitucionalidade, investigar

[56] Em *O Imparcial* está: "invoca uma atribuição inexistente, ou exorbita de uma".

e decidir se são válidos, ou nulos. O essencial, para existir a jurisdição, é, unicamente, que uma pessoa idônea como autora no pleito haja sido lesada ou prejudicada por certo e determinado ato oficial, ou do governo, e com ele se averigúe ter-se contravindo à Constituição[57].

"O critério", continua luminosamente este expositor:

não consiste em ser a questão de natureza política ou não política, mas em ser susceptível de se propor sob a forma de uma ação em juízo. [...] A conclusão geral, portanto, podê-la-emos enunciar nestes termos: as questões políticas vêm a cair sob a competência do Poder Judicial, toda a vez que envolverem a questão de se o ato, que se discute, do Poder Executivo ou Legislativo, infringe, ou não infringe preceito da Constituição[58].

Mas, como quer que seja, e seja como for, senhores, o que não tem dúvida nenhuma, é que, ante as disposições constitucionais cujo texto faz do Supremo Tribunal Federal o juízo de última instância, nos pleitos onde se argüirem de inconstitucionalidade atos presidenciais ou legislativos, esse tribunal é o árbitro final dessas questões; esse tribunal é, em tais questões, o juiz exclusivo da sua competência mesma, esse tribunal não pode estar sujeito, nos seus membros, à responsabilidade criminal por decisões proferidas no exercício de semelhante autoridade; esse tribunal, nas sentenças que em nome desta autoridade pronunciar, tem o mais absoluto direito a vê-las acatadas e observadas pelos outros dois poderes.

Nestas normas está em essência o melhor de todo o nosso *regímen*. Desconhecidas elas, a República Federativa mudaria completamente de natureza. Em todos os *regímens* livres, os poderes políticos têm freios e contra pesos à sua vontade, inclinada sempre a transpor as barreiras legais. Sob o governo de gabinete, esses freios e contrapesos estão, quanto ao Poder Executivo, na respon-

---

[57] Countryman, Edwin. *The Supreme Court of the United States*. Albany, Mathew Bender, 1918, p. 191-2.

[58] *Id.*, *ib.*, p. 192.

sabilidade ministerial, e, quanto às câmaras legislativas, na dissolução do Parlamento. Com o governo presidencial, onde não existe nem o apelo das maiorias parlamentares para a nação, nem a responsabilidade parlamentar dos ministros, a garantia da ordem constitucional, do equilíbrio constitucional, da liberdade constitucional, está nesse templo da justiça, nesse inviolável sacrário da lei, onde a consciência jurídica do país tem a sua sede suprema, o seu refúgio inacessível, a sua expressão final.

O culto deste princípio soberano é, para nós outros, uma religião, e deve ter altares nesta casa, altares onde o sentimento puro do nosso direito nacional se acrisole, no estudo e no desinteresse, para contaminar[59] o trabalho subterrâneo das ambições, que a política arregimenta, solicita em acabar com todos os estorvos à transformação do governo absoluto da lei, organizado pela Constituição, no governo absoluto dos cabeças de partidos, anelado pelas facções.

Permiti, senhores, a um crente dessa velha fé abandonada, a uma alma cujas derradeiras esperanças na sorte deste *regímen* se vão rapidamente desvanecendo uma a uma, permiti-lhe volver os olhos para esses horizontes, onde os constituintes de 1890 víamos desenhado o futuro das nossas instituições, e reivindicar-lhes a honra contra os aventureiros, que invadiram estas sagradas paragens da idéia republicana com as malocas da sua selvageria e as feiras da sua ciganagem.

Terminando, só me resta suplicar-vos me perdoeis a liberdade que tomei, de honrar o ato da minha posse, ocupando-o com este exame, desalinhado e imperfeito, da maior das nossas instituições constitucionais, sua magnitude, suas prerrogativas, seus benefícios incomparáveis.

Se essas considerações, a que a tristeza destes dias miseráveis, de luto, desalento e angústia não me consentiu imprimir forma, dar método, comunicar algum valor, tornando-as dignas deste auditório, espertarem as vossas reflexões, obtiverem o concurso do vosso assentimento, estimularem, entre os hábeis, entre os moços, entre os honestos, o sentimento do atentado, que se projeta contra o *regímen*, contra a pátria e contra a humanidade nessa reação contra a justiça, desenvolvida, nos atos recentes do nosso governo, lado a

[59] Em *O Imparcial* está: "contraminar".

lado com a reação contra a publicidade, contra a imprensa, contra os direitos da palavra, terei ganho o meu dia, meus colegas, meus senhores, em um salário maior que toda a minha valia, toda a minha esperança, todo o resto da minha vida.

Discurso no Colégio Anchieta

No Liminar

Infelizmente (e ao contrário do que acontece com várias das obras de Rui), não há notícia do manuscrito do *Discurso no Colégio Anchieta*.

A despeito dos esforços de Homero Senna, Diretor do Centro de Pesquisas da FCRB, não foi possível localizar o precioso autógrafo.

Mas parece lícito presumir que a *editio princeps* (1903), publicada pelo próprio Colégio Anchieta em vida do Autor — e provavelmente sob suas vistas —, espelhe, com fidelidade, o estágio da língua e do estilo de Rui, àquela altura de sua existência.

Das publicações subseqüentes, destacarei, em razão de sua autoridade nata, a promovida pela Casa de Rui Barbosa em 1953, para comemorar o cinqüentenário do *Discurso*. Tal edição vem, naturalmente, entrajada em harmonia com o sistema ortográfico de 1943 — do qual, todavia, se afasta no manter a herança do texto de base quanto à escrita com inicial minúscula de nomes como *Idade Média*, *Constituição*, *Senado*, *Cardeal*, *Presidente da República* e congêneres — decerto, hábito pessoal do escritor.

Na presente edição, que tenho a honra de rever e anotar a convite da FCRB, a grafia seguida obedece, quase integralmente, à do Acordo Luso-Brasileiro de 1943, com as alterações que entre nós lhe introduziu, no referente à acentuação gráfica, a Lei nº 5.765, de 20 de dezembro de 1971. Observei tal sistema "quase integralmente" (esclareço), porque procurei fazê-lo de tal sorte que não se traísse nenhum fato lingüístico propriamente dito, subjacente na roupagem gráfica assim atualizada.

Subscrevo, neste particular, a lição de que:

> devem prevalecer os princípios e não as averbações do vocabulário oficial, averbações notoriamente tendentes a um fixismo e imobilismo vocabulares, válidos, talvez, como preceptiva presente, mas de todo em todo infundados para uma vivência histórica dos textos do passado, ainda que de passado recente[1].

Assim que, ao mesmo tempo que restaurei a inicial maiúscula em nomes de eras históricas, de altos conceitos religiosos ou políticos, etc. (conforme prescreve o Capítulo XVI do *Formulário Ortográfico da Academia Brasileira de Letras*), assim também restabeleci — exumando-as da edição de 1903 — formas como *conjecturar* (no texto, "conjecturando") e *Septentrional*, que, no vocabulário exemplificativo que acompanha o citado *Formulário Ortográfico*, se apresentam petrificadas, respectivamente, em *conjeturar* e *Setentrional*. Pois o certo é que a averbação de tais formas com fisionomia fixa e única vai de encontro à realidade da norma culta brasileira, a qual, ainda hoje, oferece flutuação de pronúncia nestas palavras. Optei, pois, pela lição conservadora, sempre recomendável em situações como a presente —, sobretudo levando-se em conta o eruditismo dos padrões verbais do escritor e a tensa ortoépia das classes ilustradas, nos começos do século XX.

Do mesmo modo, mantive a escrita em um só vocábulo — como se lê, aliás, na excelente edição de 1953 — da partícula *porquê* (quando advérbio interrogativo ou relativo), uma vez que não se trata, no caso, de matéria puramente ortográfica, senão que de problema de morfo-sintaxe[2] portuguesa, quiçá românica, sobre

---

[1] Introdução crítico-filológica ao texto das *Memórias Póstumas de Brás Cubas*, fixado oficialmente pela "Comissão Machado de Assis", MEC, 1960, p. 63.

[2] V. a minha *Gramática Normativa da Língua Portuguesa*, 20. ed., Rio de Janeiro, Livr. José Olympio Ed., 1979, p. 317-9; *O Tratado de Ortografia da Língua Portuguesa*, do sábio humanista Rebelo Gonçalves, Coimbra, Atlântida, 1947, p. 248-9; e Gonçalves Viana, o mestre incontestado, no *Vocabulário Ortográfico e Remissivo da Língua Portuguesa*, Paris-Lisboa, Aillaud-Bertrand, 1912, s/v. Consultar, ainda, Celso Ferreira

ancorar no uso de escritores modelares de uma e outra banda do Atlântico.

Não é outra a forma registrada pelo *Vocabulário Ortográfico da Língua Portuguesa* (1940) da Academia das Ciências de Lisboa —, o qual, não obstante haver servido de base para a elaboração do nosso, não teve acolhida por este a (corretíssima) lição do seu modelo! Igualmente assim o consignam alguns dos principais dicionários[3] anteriores a 1943, bem como o projeto do *Dicionário da Língua Portuguesa*, confiado pela Academia Brasileira de Letras à competência do professor Antenor Nascentes — apesar de a publicação da obra, em quatro volumes, se haver iniciado em 1956.

Com os leves retoques acima apontados, creio que o texto ora estabelecido — que enraíza no das duas edições aqui citadas — reproduza, com boa margem de segurança, os *fatos* lingüísticos da época, e venha, ao mesmo tempo, esteado nas lições de sólida doutrina gramatical e na tradição da língua literária.

As notas de rodapé, intencionalmente breves, visam, antes de tudo, à inteligência do "Discurso" por quem não esteja familiarizado com o estilo clássico e, por vezes, arcaizante de Rui.

Por sinal, esta se me afigura uma das peças mais 'difíceis' do grande orador.

A essência do pensamento que nela se contém, o seu alto sentido de evolução religiosa, encontram-se magistralmente interpretados pelo Acadêmico Américo Jacobina Lacombe, Presidente da FCRB, em conferência que precede a edição de 1953 e nesta se reproduz.

Quanto à linguagem e à arquitetura literária, não se pode esquecer que, composto por ocasião do preparo da *Réplica*, este *Discurso no Colégio Anchieta* haveria, inevitavelmente, de ter sido influenciado

---

da Cunha, *O Cancioneiro de Martin Codax*, Rio de Janeiro, ed. do Autor, 1956, s/v.; Gladstone Chaves de Melo, *Gramática Fundamental da Língua Portuguesa*, Rio de Janeiro, Acadêmica, p. 169; José Oiticica, *Manual de Análise*, 5. ed. refundida, Rio de Janeiro, Francisco Alves, 1940, p. 68 —, entre outros.

[3] Morais (o original, em 2 volumes), Aulete (também o original, em 2 volumes), Cândido de Figueiredo, Laudelino Freire — que foram os que tive à mão.

pela abundância e riqueza do material que Rui recolhera para construir aquela mole de conhecimento da Língua.

Eis porque nos defrontamos — porventura mais acentuadamente do que em outras obras dele — com uma linguagem pancrônica, em que fraternizam modos de dizer do período arcaico, construções da fase clássica e torneios contemporâneos: ao erigir suas catedrais verbais, Rui não perguntava à língua portuguesa quantos anos tinha! Isso tudo sem contar com aparato cultural que vai do Velho Testamento ao constitucionalismo norte-americano.

Agradeço amáveis sugestões com que me presentearam Homero Senna e Adriano da Gama Kury.

As notas de rodapé (retorno a elas) alimentam a esperança de elucidar possíveis dúvidas do leitor, não só relativamente à linguagem, mas também a referências históricas, mitológicas e literárias — a fim de que lhe seja dado usufruir, em plenitude, o prazer espiritual proporcionado por este belo momento da inteligência brasileira.

Rio de Janeiro, maio de 1981.

Rocha Lima

Introdução*

Palavras proferidas por Américo Jacobina Lacombe, Diretor da Casa de Rui Barbosa, na sessão solene realizada no Colégio Anchieta, em Nova Friburgo, em 19 de julho de 1953, em comemoração ao cinqüentenário do discurso de Rui Barbosa, naquela Casa.

O Discurso no Colégio Anchieta é uma das orações mais famosas de Rui Barbosa. Compete com a *Oração aos Moços* na celebridade, e com ela forma um díptico perfeito. Mais que qualquer outra produção de Rui Barbosa, fornece os principais textos que figuram em centenas de antologias. É através de seus excertos, pois, que a mocidade trava conhecimento com o ideário de Rui. Marca um momento decisivo na sua evolução religiosa. É ele mesmo quem o diz no prefácio à *Queda do Império*. Assinalando os marcos de suas mudanças em face da fé, contrapõe *O Papa* e o *Concilio e o Discurso da Maçonaria*, o "homem de 1876", diz ele,

> ao de 1903, 1919 e 1921: o da oração do paraninfo no Colégio Anchieta, o da oração do jubileu na Missa Campal e o discurso paranínfico em São Paulo[1].

---

* As notas desta *Introdução* não figuram na edição original.

[1] *Obras Completas de Rui Barbosa*. Vol. XVI — 1889 — t. I — *Queda do Império*. Diário de Notícias. Rio de Janeiro, Ministério da Educação e Saúde, 1947, p. LXXXV.

Esta contínua e nítida evolução foi muitas vezes apontada como contradição. *As Contradições do Sr. Rui Barbosa* foi o nome de um panfleto que fez época.

Não havia, porém, acusação que mais o irritasse. Várias vezes dela se defendeu, com aquela fúria sagrada, que, no juízo dos melhores críticos, dá a seus escritos a nota de maior valia.

Assim é que, respondendo a um adversário, em um pleito famoso, escreveu ele sobre as supostas contradições estas linhas candentes:

> Se os deuses se houvessem reservado como privilégio divino essa faculdade, cada consumidor brasileiro de papal de escrever seria um Prometeu absorto em escalar as nuvens, não à procura do céu, mas em busca da prenda celeste de esgravatar divergências do ontem para o hoje nas opiniões alheias. Quando se tapa, nas letras remexidas, com um desses achados preciosos, é dia de festa, ilumina-se a casa, emboca-se o megafone, e se anuncia ao longe que o adversário está esmagado.
>
> Não há, entretanto, inutilidade mais inútil. Os homens de siso e consciência riem destas malícias. Só a ignorância ou a imbecilidade se não contradizem; porque não são capazes de pensar. Só a vulgaridade e a esterilidade não variam; porque são a eterna repetição de si mesmas. Só os sábios baratos e os néscios caros podem ter o curso das suas idéias igual e uniforme como os livros de uma casa de comércio: porque nunca escreveram nada de seu, nem conceberam nada novo.
>
> A sinceridade, a razão, o trabalho, o saber não cessam de mudar: não há outra maneira humana de acertar, e produzir. Varia a fé; varia a ciência; varia a lei; varia a justiça; varia a moral; varia a própria verdade; varia nos seus aspectos a criação mesma; tudo, salvo a intuição de Deus e a noção dos seus divinos mandamentos, tudo varia. Só não variam o obdurado, ou o fóssil, o apedeuta, ou o néscio, o maníaco, ou o presumido.
>
> Pode ser que no miolo de um compilador caiba inteiro o imenso universo jurídico, petrificado, imutabilizado e catalogado nas suas regras, nas suas hipóteses e nos seus resultados. Tirante, porém, essas cabeças privilegiadas, tudo no direito é mudar constantemente [...].
>
> Há os grandes princípios que formam a estrutura permanente desse mundo; mas, na vasta atmosfera das idéias, que o envolve, nas grandes correntes dos sistemas, que o sulcam, nos maravi-

lhosos fenômenos criadores, que o animam, em todas as organizações que o povoam, em todos os resultados que o enriquecem, tudo se transmuda e renova e transforma dia a dia.

....

Assim que, debaixo do céu, tudo obedece a essa eterna lei da transmudação incessante das coisas. *Si nihil sub sole novum*, também poderíamos dizer que *nihil sub sole canstans*. Se todo o mundo se compõe de contradições, dessas contradições é que resulta a harmonia do mundo. Se das variações pode emanar o erro, sem as variações o erro não se corrige. [...] O homem não está em contradição consigo mesmo, senão quando o está com a sua natureza moral, que o ensina a considerar-se desonrado, quando atina com a verdade, e se obceca no erro. É assim que o nosso próprio organismo vive, mudando toda a hora, sem mudar nunca; porque da sua identidade realmente não muda, senão quando, quebradas as suas leis orgânicas pela doença ou pela morte, deixa de eliminar o que deve eliminar, e absorver o que lhe convém absorver[2].

De mudar orgulha-se ele ainda no trecho que primeiro citamos da *Queda do Império*.

Pelo que toca ao variar das opiniões, deixem-me ter, mais uma vez, o consolo de trazer à praça como coisa de que me prezo, e não me pesa, a deliciosa culpa dos homens de consciência, a única em que hei de morrer impenitente. *Beata, beata, beatíssima culpa*! Não mo tenham a mal os imutáveis. Deus os desencrue. Deus os reverta da pedra e cal em homens. Deus os ensine a mudar. Porque todo o aprender, todo o melhorar, todo o viver é mudar. De mudar nem mesmo o céu, o inferno ou a morte escapam. Mudar é a glória dos que ignoravam, e sabem, dos que eram maus, e querem ser justos, dos que não se conheciam a si mesmos, e já melhor se conhecem, ou começam a conhecer-se.

[2] *Obras Completas de Rui Barbosa*. Vol. XLV — 1918 — t. IV — *Questão Minas x Werneck*. Rio de Janeiro, MEC/FCRB, 1980, p. 203-5.

> O que, no mudar, se quer, é que se não mude para trás, nem do bem para o mal, ou do mal a pior. Se me achassem, hoje, menos tolerante, menos liberal, menos amigo da justiça, menos dedicado às leis, menos humano, menos dado ao trabalho, menos cristão do que ontem, aí sim, bem era que mo imputassem a culpa, vergonha, ou crime.
>
> Mas, em todos esses pontos, é sempre do menos para o mais, suponho eu, do mal para o bem, ou do bem para o melhor que tenho mudado, ou feito por mudar[3].

Mas quais eram as atitudes anteriores, de que mudara Rui Barbosa? Ele mesmo o diz no trecho primeiro citado, do prefácio à *Queda do Império*:

> Onde, porém, creio se perceberá diferença mais sensível, é nos sentimentos religiosos. Profunda e inalteravelmente cristãos foram eles sempre[4].

E neste ponto afirma rigorosa verdade histórica. Ele não vinha da negação de Deus nem dos Evangelhos. Vinha de uma atitude generalizada em sua geração, atitude defendida na oração fúnebre em homenagem a Alexandre Herculano, na Bahia, de um cristianismo antetridentino, dos *velhos católicos* de Döllinger, em suma, que viam no Papa Pio IX e na Companhia de Jesus, considerada uma força secreta e inescrupulosa, os destruidores da verdadeira fé. Na quadra final do Império a quase totalidade de nossos homens públicos pensava assim.

A ignorância e a má vontade transformaram esta atitude doutrinária em um vulgar ateísmo e anticlericalismo. Houve quem afirmasse que Rui pregava imagens sagradas na sola dos sapatos para poder pisá-las.

No entanto, todos os documentos que dele possuímos em relação aos problemas religiosos respiram a angústia dos problemas da fé. Comecemos pelo grande educador que foi seu pai, o Dr. João José Barbosa de Oliveira. Dele disse Rui em 1875:

---

[3] *Obras Completas de Rui Barbosa*. Vol. XVI — 1889 — t. I — *Queda do Império*. Diário de Notícias, cit., p. LXXXVI.

[4] Loc. cit.

> Em conta de católico teve-se meu pai sempre. Divinos reputava os sacramentos, e a sua família os aconselhava[5].

Mas explica, logo adiante, o que era o catolicismo paterno:

> Professava todos os artigos do antigo credo católico. Mas quanto aos dogmas proclamados neste século, quanto ao dogma de 1854 e o dogma de 1870, esses a consciência rejeitava-lhe inflexivelmente.
>
> ....
>
> O catolicismo de meu pai era o velho catolicismo de Döllinger[6].

Lia João Barbosa, habitualmente, com os filhos, o Novo Testamento, em exemplar que se guarda religiosamente na Casa de Rui Barbosa. Inculcou-lhes a prática dos sacramentos. Dezenas de anos depois, ainda se havia de referir o filho à emoção com que se aproximou da mesa sagrada em sua primeira comunhão.

Ainda sob o ponto de vista doutrinário, até certo ponto da existência, João Barbosa tivera ocasião de manifestar a sua preocupação de ortodoxia. Na tese de doutoramento, acerca do sistema penitenciário de 1843, há seguidos protestos de adesão à fé cristã. Em quase todas as questões doutrinárias permanece ao lado dos pontos de vista da Igreja, do clero — "esta ordem tão caluniada por quem não lê a história", diz ele.

> Clamarei rijo, que toda teoria médica que rematar em uma negação do dogma cristão, filha de qualquer civilização será; porém, da nossa que é a cristã, não, que não há mais dizer[7].

---

[5] Manuscrito existente no Arquivo da FCRB no qual Rui protesta quanto ao fato de lhe ter sido atribuída a tradução, na verdade feita por seu pai, da obra de Laboulaye sobre a Imaculada Conceição.

[6] *Id.*

[7] Oliveira, João José Barbosa d'. *As Prisões do Paiz. O systema Penitencial, ou Hygiene Penal.* Tese apresentada, e sustentada perante a Faculdade de Medicina da Bahia, em 11 de dezembro de 1843. Bahia, Typ. de L. A. Portella e Companhia, 1843, p. 14.

Na tese de concurso, elaborada em 1846, não há oportunidade para manifestações doutrinárias, dado o caráter extremamente técnico da mesma, mas em uma enfática oferenda a Dom Romualdo Antônio de Seixas, Marquês de Sta. Cruz, Arcebispo da Bahia e Primaz do Brasil, reafirma e confirma os profundos sentimentos religiosos já defendidos.

É assim, após o movimento deflagrado no tempestuoso e glorioso pontificado de Pio IX após a proclamação do dogma da Imaculada Conceição, que João Barbosa foi arrastado àquela direção doutrinária a que se referiu o filho na publicação já citada. Chegou mesmo a traduzir e publicar o panfleto de Édouard Laboulaye acerca da *Imaculada Conceição*, saído a público após sua morte, em 1874. Essa publicação veio a comprometer o filho, já que não se poderiam distinguir naquele tempo (se é que hoje isso seria possível) cambiantes, tão sutis entre heresia e heresia. Fora da Igreja, foi logo acusado Rui Barbosa de ateísmo.

Ora, o ateísmo ele repelira muito moço. Em discurso feito em uma sociedade de estudantes, e cujas folhas amarelentas tive a emoção de encontrar no meio de alguns jornais não classificados no porão da C. R. B., e datado aproximadamente da era de 1870, há uma franca e solene declaração de fé. Referindo-se à perda da mãe, ocorrida em 1867, diz ele:

> Nestes lances de sobre-humano desespero, que seria de nós, se não nos valesse essa inspiração que nossas mães sabem derramar no coração infantil de seus filhos, esta crença indelével na grande divisa, na vida futura, na infalibilidade da Providência. Falo-vos assim porque eu também já provei desse cálice. Muitas e muitas vezes, abrasado por essas páginas de fogo que geram as imaginações escaldadas, eu iludi-me com os panegíricos com que a razão humana tem endeusado a si mesma, muitas vezes julguei a inteligência omnipotente e absoluta; muitas vezes esperei descobrir nos recessos da ciência, desta ciência que já é tão grande, a chave para os arcanos do universo, o alimento são, completo e abundante para o espírito, o bálsamo generoso para as mágoas do coração.
>
> Deus, porém, estendeu o seu braço para mim e crestou a flor do meu orgulho.
>
> ....

> Então, (...) achci os livros mudos, a razão muda, e a filosofia estéril. Chorei e abracei-me à cruz. Foi a fé que me salvou[8].

Não há uma só declaração de ateísmo em todos os escritos de Rui Barbosa desde a sua aparição na vida pública. Pelo contrário, o problema religioso está sempre presente em suas preocupações e em seus trabalhos intelectuais. Sua própria intervenção na Questão Religiosa, sua célebre introdução *d'O Papa e o Concílio* estão a indicar o homem religioso. A um ateu que sentido apresentariam aquelas sutis distinções de regalismo, colaboração, separação de poderes, infalibilidade, competência de definição dogmática e a angústia pelo contínuo e apavorante afastamento da massa popular da vida religiosa?

Caminhava, porém, Rui Barbosa, seguramente, das posições exaltadas de 1876 para as atitudes mais moderadas que fizeram dele, em 1889, o membro indicado do Governo para entrar em entendimentos com D. Antônio de Macedo Costa na preparação da lei de 7 de janeiro de 1890, cuja execução se processou em um ambiente de relativa compreensão.

Já em 1893 aceita fazer uma conferência em benefício de um colégio dirigido pelas freiras de Lourdes. Aproveita então para protestar contra a fama de ateísmo. Orgulha-se de suas mudanças e exclama, em trecho tantas vezes transcrito:

> Toda minha carreira tem sido um sacrifício manifesto à sinceridade. Sempre que uma opinião me escalda o espírito, é meu costume deixá-la romper sob a mais ardente de suas formas. Não faltarei hoje a essa necessidade da minha índole. Filho de um século devorado pela curiosidade suprema do infinito, duvidei, neguei, blasfemei, talvez como ele. Mas esses momentos passaram sempre como rápidas tempestades na minha consciência: quando elas se afugentavam, o horizonte do mistério eterno me reaparecia como eu o vira no coração de meus pais. Não me acolhi entre as filosofias que fazem da ciência a grande negação. Percorri as filosofias; mas nenhuma me saciou: não encontrei o

---

[8] "Discurso em Sociedade Acadêmica Beneficente" (S.d.). In: *Obras Completas de Rui Barbosa.* Vol. I — 1865-1871 — t. I — *Primeiros Trabalhos.* Rio de Janeiro, Ministério da Educação e Saúde, 1951, p. 160.

repousa em nenhuma. Pus a ciência acima de todas as coisas; mas não afirmei jamais que a ciência não possa abranger as coisas divinas. Nunca encarei a ciência como a sistematização do antagonismo com o espírito. Esse incognoscível, que não cabe nos laboratórios, não acreditei jamais que se distancie da ciência por incompatibilidades invencíveis, unicamente porque esta não sabe os meios de verificá-lo. Vejo a ciência que afirma Deus; vejo a ciência que prescinde de Deus; vejo a ciência que proscreve a Deus; e, entre o espiritualismo, o agnosticismo, o materialismo, muitas vezes se me levanta da razão esta pergunta: onde está a ciência? A mesma névoa que a princípio se adensara sobre as inquietações do crente, acaba por envolver o orgulho do sábio. A mesma dúvida que nos arrastara das tribulações da fé ao exclusivismo científico, pode reconduzir-nos do radicalismo científico à placidez da fé[9].

Não havia qualquer sombra de hipocrisia nestes protestos de honestidade de propósitos em relação ao problema religioso. Na mais estrita intimidade sabiam todos de suas práticas religiosas, especialmente a oração feita de joelhos pela manhã e pela noite, conforme nos afirmou, mais de uma vez, a minha saudosa amiga e parenta D. Maria Augusta Rui Barbosa.

Quando, em 5 de novembro de 1897, o atentado contra Prudente de Morais apavorou os brasileiros, revelando o grau de desrespeito pela noção de autoridade que atingia a massa popular, Rui Barbosa não hesitou em erguer em pleno Senado uma súplica ao Criador de todas as coisas:

> Senhor, estendei sobre a nossa amarga miséria um raio da vossa misericórdia; agitai em nossas almas o sopro da vossa força. [...] Sondai, até ao fundo, onde só os vossos olhos penetram, a índole deste povo, e nele encontrareis os princípios benditos da abnegação e da fé, da piedade e da justiça.

---

[9] "Conferência em favor de cinqüenta órfãs do Asilo de Nossa Senhora de Lourdes da Feira de Santana em 22 de fevereiro de 1893". In: *Obras Completas de Rui Barbosa.* Vol. XX — 1893 — t. I — *Visita à Terra Natal. Discursos Parlamentares.* Rio de Janeiro. Ministério da Educação e Saúde, 1948, p. 45-6.

....

Cessou, Senhor, a hora da política humana, e, principiou a da vossa: escutai-nos, Senhor!

É a voz deste país, que forceja para chegar aos vossos ouvidos nesta prece levantada da humildade desta tribuna, no Parlamento de uma nação crente, ao amigo dos mansos e dos justos, ao pai comum de todos os homens, por um daqueles que mais profunda têm a consciência das suas culpas e o sentimento do seu nada. [...]

Vendo florescer na América do Norte a liberdade política sob as asas da liberdade religiosa, o que nós quisemos, Senhor, separando a Igreja do Estado, foi aproximar de vós a sociedade e a Igreja, substituir a religião política pela religião viva. Vós, que desceis até ao íntimo dos pensamentos mais ocultos, bem sabeis que outro não foi o daqueles que, como eu, fizeram essa reforma, o do herói crente, que ma incumbiu; e o calor que ela derramou na adoração do vosso nome, a concorrência que trouxe aos vossos templos, veio mostrar que não nos enganávamos. Mas uma filosofia árida e morta, de opressão e crueldade, usurpando a vossa conquista, organizou o poder em seita e empreendeu substituir no ânimo do estadista, do povo e do soldado, o culto da cruz, que abonança as paixões, humaniza os exércitos, pelo culto da intolerância, da ditadura e da força.

De modo que, justamente quando sobre a ruína de nossas ilusões liberais se estabelecia o áspero despotismo da espada, a tropa, emancipando-se do freio humano na disciplina militar, perdia, com o esquecimento de Deus, o freio divino que preserva da selvageria os homens endurecidos no hábito das armas, as multidões organizadas para a morte.

Restituí, Senhor [às praxes brasileiras], o senso das necessidades nacionais; dai ao Governo brasileiro a coragem heróica da lei, incuti ao povo brasileiro o sentimento indômito do Direito, livrai o soldado brasileiro da vertigem do sangue, ensinai-o a amar a obediência e a paz, a humanidade e a paciência, a pobreza e o sacrifício, que são as verdadeiras fontes da bravura, o grande manancial das virtudes da guerra, a sementeira das vitórias sem mancha. Fazei-nos viris e capazes da liberdade, Senhor; libertai-nos da ambição política, em cujas garras esta nação caiu como presa indefesa; permiti que a República brasileira não tenha por

> colunas o jacobinismo e o terrorismo, mas o sentimento liberal e o sentimento religioso[10].

Estão em gérmen nestas palavras, proferidas, repisamos, em 1897, algumas das idéias que ele havia de defender nesta Casa alguns anos depois.

Do ano seguinte, 1898, temos um valioso documento da persistência de Rui Barbosa em seus hábitos religiosos. É uma carta escrita desta cidade de Friburgo, onde ele descansava das campanhas políticas, e onde, por insistência do velho amigo Rodolfo Dantas, começou a ver com outros olhos os padres da Companhia, a que haveria de confiar, mais tarde, o último filho varão. A carta é dirigida a um parente e compadre[11], cujo sangue orgulho-me de ter nas veias.

> Friburgo, 2 de abril, 98.
>
> Jacobina, meu bom amigo.
>
> Acabo de receber as suas duas cartas de ontem e anteontem. Os seus sentimentos correspondem em tudo aos meus; e, se entre eles houvesse divergência, fique certo de que eu me inclinaria ao seu critério, à sua calma, à sua retidão de ânimo, seguro de acertar melhor do que deixando-me levar pelos impulsos de um coração magoado e de uma alma transbordante de indignação. Nunca senti pelas vilanias humanas mais enjôos e pela sorte de nossa terra mais desânimo. Felizmente a fé em Deus se me vai acendendo, à medida que se me apaga a confiança nos homens. No meio de tantos desconfortos e iniqüidade tenho-me entregado estes dias exclusivamente à leitura do Evangelho, a eterna consolação dos malferidos nos grandes naufrágios. Uma excelente edição, que eu trouxera comigo, do livro divino, permitiu-me este recurso reanimador, graças ao qual me sinto, em certos

---

[10] Discurso proferido em 6 de novembro de 1897. In: *Obras Completas de Rui Barbosa*. Vol. XXIV — 1897 — t. I — *O Partido Republicano Conservador. Discursos Parlamentares*. Rio de Janeiro, Ministério da Educação e Saúde, 1952, p. 179-81.

[11] José Eustáquio Ferreira Jacobina.

> momentos, como que ressuscitar capaz de ainda servir para alguma coisa aos meus semelhantes[12].

O processo interior continuava, assim, lento e lento no aperfeiçoamento da vida religiosa. Não há, pois, nenhuma falsidade no tom religioso de que estão embebidos os discursos de Rui Barbosa, cujas raízes espirituais como que iam procurando terreno cada vez mais seguro.

Ainda um testemunho edificante de sua vida interior temos no exemplar agora existente na Casa de Rui Barbosa, da sua edição da *Imitação de Cristo*. Trata-se de um livro com uma curiosa história. Foi oferecido a Rui Barbosa por seu filho João, então aluno desta Casa, talvez por inspiração de algum de seus mestres, com a seguinte dedicatória:

> Que te caiam na alma as doces palavras de Cristo como a muitos caíram. Ao bom paizinho oferece o filho João.

Após a morte de Rui Barbosa, D. Maria Augusta ofereceu este precioso livro a Frei Celso Dreiling, religioso franciscano que o assistiu nos últimos instantes. Foi, após a morte deste sacerdote, oferecido por Frei Ludovico de Castro, então R. Padre Provincial, à Casa de Rui Barbosa. Está bastante lido, relido, e profusamente anotado, não somente no texto da *Imitação*, como no do *Formulário de Orações*, que vem em apêndice. Algumas notas se prenderão à linguagem, que é em excelente vernáculo; outras se relacionarão evidentemente às suas próprias meditações. Algumas das marcas representam certamente experiências de sua própria vida que ele terá encontrado refletidas nas linhas serenas do autor desconhecido. Esta, p. ex.:

> Estive em extrema penúria de tudo; ouvi queixas freqüentes de mim; suportei, com calma, injúrias e opróbrios; em troca de benefícios recebi ingratidões; responderam com blasfêmias aos meus milagres, com censuras à minha doutrina[13].

---

[12] Original doado ao Papa Paulo VI, pela FCRB, em 1978. Confronto realizado com a cópia xerográfica existente no Arquivo da FCRB.

[13] *Imitação de Jesus Cristo e Formulário de Orações*. 2ª ed. aperfeiçoada. Recife, F. A. Gomes de Matos — Editor, 1900, p. 120.

Observou já um arguto comentador destas notas que as marcas de leitura quase desaparecem do livro referente ao Santíssimo Sacramento. É que a ascensão de Rui Barbosa não alcançara ainda os cimos da prática religiosa e ainda havia sons que o seu ouvido bem dotado não conseguia perceber na harmonia das belezas místicas daquelas páginas. Não se processara ainda uma volta aos sacramentos, como desejavam tão ardentemente alguns amigos, entre os quais o velho Felício dos Santos, companheiro de mocidade, que se afastara bem mais do que ele da crença tradicional e que, na frutuosa velhice, aproximara-se de Rui com o intuito de ajudá-lo nos momentos difíceis dessa outra reaproximação definitiva.

O fato é que a leitura e a releitura da *Imitação* foi a porta aberta para outras leituras religiosas, até chegar ao próprio breviário, conforme nos narrou D. Maria Augusta, que ele gostava de ler alto, à noite, para tirar todo o proveito da musicalidade da língua latina.

Quando o nunca assaz lembrado Padre Luís Yábar insistiu em que Rui Barbosa viesse a Friburgo dizer umas palavras aos alunos que deixavam o colégio em 1902, respondeu ele em carta de 10 de dezembro:

> Queria eu obedecer aos seus desejos, para mim hoje quase ordens, comunicando-lhe que entraria no programa da sua festa colegial com o meu discursinho aos meninos. Mas não me sentia capaz, tal tem sido a minha estafa estes últimos tempos, tão fatigado e doente me sinto. Então remanchava, a ver se cobraria afinal ânimo, e, vencendo tudo, me atreveria à resolução de tomar esse compromisso. Infelizmente, porém, não melhoraram para mim as circunstâncias. Antes me cresceu a tarefa e, com o excesso de trabalho, o cansaço e desânimo. Dirá que é bem pequena coisa ter com as crianças uma palestra. Mas, em certos estados de espírito, quando a energia cerebral se nos abate, tudo avulta, e nos assoberba. Assim deixemos para o ano que vem a honra que V. Exa. me quer proporcionar. Então, querendo Deus, conversarei de coração folgado com os seus alunos[14].

---

[14] *Cartas Inéditas de Rui Barbosa a um Jesuíta*. Sep. de *Verbum*, publicação trimestral das Faculdades Católicas, t. 6, fasc. 4, dez. 1949.

Este *discursinho* aos meninos, "de coração folgado", veio a ser, afinal, o discurso de 1903, a que ele após, para usar suas próprias palavras, "o selo da mais absoluta sinceridade". "Eu suplicaria a Deus", continua ele,

> fizesse do que vos vou dizer o meu testamento político, a última expansão pública do meu amor a meu país[15].

A palestra com as crianças passou a representar um ponto luminoso naquela existência atribulada. Ponto luminoso que fecha uma etapa e abre outra em que as afirmações se tornam cada vez mais nítidas em matéria de fé.

Logo no ano seguinte, comentando os graves movimentos políticos, diz em carta a um jornal:

> Não sei se incorro em ridículo, trazendo por estas alturas o nome de Deus. Se incorrer, paciência. Não me arrependo, e persisto. Nasci na crença de que o mundo não é só matéria e movimento, os fatos morais acaso ou mero produto humano. O estudo e o tempo não me convenceram de que as leis do cosmos sejam incompatíveis com uma suprema causa, de que todas as causas dependam. Já agora morrerei como meus pais abençoando, no quinhão de bem que nos toca, uma dádiva divina[16].

Na lenta, mas segura ascensão de Rui Barbosa, esse discurso representou um grande momento. O Senhor o levou antes que ele houvesse subido no mesmo ritmo os degraus que o separavam do altiplano em que poderia realmente sentir-se de volta à religião de seus pais. Mas concedeu-lhe, nos últimos instantes, a graça de revelar amplamente sua perfeita intenção. Quer perante Monsenhor Rangel em fins de 1922, quer perante Frei Celso em 1923, perseverou em suas crenças.

---

[15] V. p. 7.

[16] "Carta à Tribuna". In: *Obras Completas de Rui Barbosa*. Vol. XXXI — 1904 — t. I — *Discursos Parlamentares*. Rio de Janeiro, Ministério da Educação e Saúde, 1952, p. 355.

Agora que comemoramos meio século destas palavras que daqui reboaram por todo o Brasil, ergamos nosso pensamento ao homem que tantas vezes encarnou a alma atribulada e sedenta de justiça do povo brasileiro e prestemos nossa homenagem aos que criaram o clima propício à elaboração de tão grave documento histórico: aos padres da Companhia de Jesus, naquele momento dignamente representados pela grande figura de sacerdote que foi o Pe. Luís Yábar, que ainda conservo na memória percorrendo estes corredores, cercado de respeito e veneração de todos que dele se aproximavam — o Homem a quem — como a poucos — se expandiu Rui Barbosa em cartas memoráveis, o homem que deu ao Brasil a oportunidade de ouvir as gloriosas palavras cujos ecos o Brasil conservará enquanto for Brasil, palavras que ouviremos daqui por diante com o brônzeo timbre da perenidade:

> As formas políticas são vãs, sem o homem que as anima. É o vigor individual que faz as nações robustas. Mas o indivíduo não pode ter essa fibra, esse equilíbrio, essa energia, que compõem os fortes, senão pela consciência do seu destino moral, associada ao respeito desse destino nos seus semelhantes. Ora, eu não conheço nada capaz de produzir na criatura humana em geral esse estado interior, senão o influxo religioso. Nem o ateísmo reflexivo dos filósofos, nem o inconsciente ateísmo dos indiferentes são compatíveis com as qualidades de ação, resistência e disciplina essenciais aos povos livres. Os descrentes, em geral, são fracos e pessimistas, resignados ou rebeldes, agitados ou agitadores. Mas ainda não basta crer: é preciso crer definida e ativamente em Deus, isto é, confessá-lo com firmeza, e praticá-lo com perseverança[17].

[17] V. p. 47-8.

Discurso no Colégio Anchieta

Exmo. Sr. Arcebispo.
Rev. Pe. Reitor.
Minhas Senhoras e Senhores:

Para os que fazemos[1] todos os anos esta romaria do coração, este lugar é um santuário, a que se acode com alvoroço. Destes cimos, onde estas serranias verdejantes encontraram, afinal, a sua mais bela coroa, o Colégio Anchieta nos estende à distância os braços. Onde quer que estejamos, e por mais que nos afastemos, o esmalte destes longes azulados se nos avizinha, desenhando-se no horizonte mais próximo, como um panorama familiar. Ao respirarmos, de manhãzinha, a primeira aragem do dia, a janela que abrimos nos olha[2] para as montanhas de Friburgo, para as devesas destes cabeços de esmeralda, que se recortam aqui no espaço transparente, para a *Village* suíça dos primeiros colonos destes sítios, agora transformada pela mão criadora dos descendentes de Anchieta. Sobre a tarde[3], quando o colorido tropical de nossa natureza desmaia na melancolia crepuscular, muitas vezes estamos vendo suspender-se esta paisagem, com o seu gorjeio de crianças alegres, sobre as nossas cabeças, espécie de miragem risonha, ora no ambiente mo-

---

[1] Para os que fazemos. — O verbo está na 1ª pessoa do plural (fazemos), e não na 3ª (os que fazem), porque quem fala, se acha incluído entre os que participam na ação verbal.

[2] Nos olha: nos faz olhar, faz que olhemos.

[3] Sobre a tarde: ao cair da tarde, ao entardecer. — A preposição 'sobre' a indicar tempo aproximado.

nótono da cidade, ora na doce tristeza dos campos. Depois, a noite, umas vezes anilada, outras argentina, se recama de cintilações longínquas, ou deixa cair em túnica imensa a sua claridade roçagante. Então, ora nas estrelas pequeninas que lucilam mais baixo, estremenhas[4] entre o céu e a terra, nos parece brilharem, destas paragens, as lâmpadas silenciosas da estudaria[5], com alguma coisa dos olhares travessos que chispam na calma noturna destes bancos; ora a brancura das imagens limares nos debuxa, no seu alvor prateado, estas paredes, estas cornijas, estas galerias, o perfil deste monumento consagrado ao culto de nossos pais e à cultura de nossos filhos. De modo que, na peregrinação festiva desta solenidade, quando nos acercamos destas alturas duas vezes santificadas, quando tornamos a subir esta encosta hospitaleira e bendita, os abraços, as efusões, os beijos que trocamos, são estremes[6] de amargura e suaves como os de cada manhã nas casas felizes, em que os filhos adormecem todas as noites no amor de seus pais, e os pais acordam todos os dias entre os carinhos de seus filhos.

A emoção, pois, a grande emoção destas cerimônias anuais, que eu rogo a Deus me permita ver ainda muitas vezes, como alívio d'alma, em uma época em que o contentamento é tão raro, está nos prêmios que hoje se distribuem, por juízes incorruptíveis, aos primeiros triunfos da vida e, sobretudo, no adeus que vão dizer aos seus companheiros e aos seus mestres aqueles que se partem[7], para não volver. Vingaram[8] a primeira divisão intelectual da existência; transpuseram o primeiro grande marco de trabalho; e agora, deixando os sócios, os estudos, os brincos, os guias dos seus anos mais descuidados, vão ensaiar vôo em outra esfera, resolver a incógnita da sua vocação, fazer a seleção de sua carreira, demandar o norte

---

[4] Estremenhas: confinantes, limítrofes, como que situadas em uma fronteira (entre o céu e a terra).

[5] Estudaria: local destinado, em uma casa de ensino, a estudo e preparação dos deveres escolares por alunos internos. — Palavra em desuso.

[6] Estremes: descontaminados.

[7] Que se partem: que partem, que vão embora. — Este, 'se' partícula expletiva, junta-se a verbos pessoais intransitivos, aos quais, algumas vezes, parece acrescentar certos matizes ainda não bem averiguados.

[8] Vingaram: ultrapassaram.

do seu futuro. É a primeira aberta da vida, com o seu descortino de indecisas responsabilidades.

Ides, meus bons amiguinhos, trocar o Liceu pela Academia, e, sentindo vagamente a solenidade do passo, invocais uma palavra, que vos assista, com o viático do conforto e da experiência, para a jornada, suas dúvidas, seus riscos, suas ansiedades. Esta a missão do vosso paraninfo. Dos gregos herdamos o vocábulo, com toda a sonoridade da sua música e toda a poesia das suas reminiscências. Era, entre os helenos, o amigo predileto, que acompanhava o noivo no carro nupcial. Foi, na antigüidade cristã, o padrinho, que levava os desposados ao altar. É hoje, nestes esponsais do trabalho com a mocidade, o eleito dos que recebem o anel e as palmas, a fim de lhe auspiciar a felicidade da aliança.

Mas este bom agoiro[9], com a lição de verdades que o deve envolver, como os aromas sagrados envolvem, nos templos, a oração, havíeis de tê-lo ido pedir a outro: a um espírito feito de saber, serenidade e pureza, a uns lábios costumados à doutrina e ao conselho, a uma vida carregada de bênçãos e frutos. Não a um homem de luta e combate, cumulado de ódios, mortificado de reveses, golpeado de provações, a um político malogrado, com todos os seus erros, e todas as suas culpas, todas as suas queixas e todos os seus pecados, com todos os defeitos característicos e todos os vícios irremediáveis de uma carreira, em que se lhe esterilizou o melhor de sua natureza: o gosto das coisas intelectuais[10], a estima dos prazeres[11] desinteressados, a elevação da vida espiritual.

Mas vós o quisestes; e tive que obedecer à grata violência de vos falar, convalescente, ainda sem foras, do acinte de uma enfermi-

---

[9] Agoiro: Alternam em muitas palavras os ditongos, 'ou' e 'oi'. Em casos assim, a escolha de Rui inclina, quase sempre, para a forma de menor curso no Brasil.

[10] O gosto das coisas intelectuais: o gosto pelas coisas intelectuais. — Goza, da preferência dos clássicos o uso da preposição 'de' em seqüência a substantivos que significam disposição de ânimo em relação a alguma coisa ou pessoa (o amor da pátria, o horror da opressão, o desprezo dos inimigos, etc.). A par com esta preposição podem ocorrer, conforme o caso, principalmente 'a', 'por' e 'para'.

[11] A estima dos prazeres: a estima pelos (ou aos) prazeres. V. nota 10.

dade, que me ia roubando esta satisfação. Experimento-a hoje pela primeira vez, essa doçura, a que os vossos mestres se afizeram, e posso assegurar-vos que a sinto no íntimo d'alma como um carinho bondoso da minha fortuna[12]. Demóstenes se ensoberbecia de ter a Platão por ouvinte, prezando em mais[13] tamanha honra que a de senhorear por auditório o mundo inteiro. Para mim a de me entreter convosco sobreexcede em gozo a todos os momentos de vão orgulho e inútil embriaguez, que a tribuna me possa ter dado.

Todas as causas, algumas bem santas, em que ela foi o meu campo de batalha, não valem anais que a[14] do vosso destino. Com a diferença que ali espargia eu ao vento os meus debates de atalaia, as minhas vozes de guerreador, ou os meus vaticínios de profeta (que tudo me imaginava na vaidade da minha ambição e na impotência do meu nada); ao passo que hoje, aqui, serei apenas a mão chã do semeador, semeando algumas sementes de bem no torrão virgem do seio que me abris.

E, quando a minha tarefa deste momento se me antolha sob esta feição, alguma coisa passa por mim como de cima, religiosamente. A fronte do sacerdote se verga para o cálice consagrado. A do lavrador, para a terra. A do que espalha o grão da verdade, para o sulco soaberto nas consciências novas. E todos três receberam ordens sacras. Todos concorrem para a fecundação divina do Universo. A hóstia, o arado, a palavra correspondem aos três sacerdócios do Senhor. Mas a suprema santificação da linguagem humana, abaixo da prece, está no ensino da mocidade. O lavrador deste chão devia amanhá-lo de joelhos. Crede que me acho realmente sob esta impressão, como se, ao receber dos braços de minha companheira um filho recém-nascido, uma voz interior me segredasse: "Purifica o teu hálito, que lhe vai insuflar a vida, ou a morte".

Se a minha[15] fosse necessária, para gravar indelevelmente neste

---

[12] Fortuna: boa sorte.

[13] Em mais: como coisa mais importante, como fato de maior valor. — Trata-se de predicativo (constituído de preposição + palavra substantivada) do objeto direto "tamanha honra". Este mais concentra em si, a um só tempo, forte carga qualificativa e intensificadora.

[14] Que a [causa] do vosso destino.

[15] Se a minha [voz] fosse necessária.

meu colóquio convosco o selo da mais absoluta sinceridade, eu suplicaria a Deus fizesse do que vos vou dizer o meu testamento político, a última expansão pública do meu amor a meu país. Quando me consulto a mim mesmo, no mais recolhido exame, forcejando atinar em que teria eu merecido algum apreço dos meus compatrícios, e porque[16] vos inspirara tais simpatias, não acho a meu crédito senão três modestas verbas. Caso, postos de parte os descontos humanos, houvessem de condensar em uma síntese o meu *curriculum vitae*, e do meu naufrágio salvassem alguns restos, tudo se teria, talvez, resumido com dizer: "Estremeceu a pátria, viveu no trabalho, e não perdeu o ideal".

São as três faces da minha vida. São os três aspectos em que se poderia compendiar o bem e o mal da vida humana. Se alguma notícia da realidade moral tenho, é a que eles me exprimem. Sejam, pois, esses, hoje, os três versículos do nosso evangelho.

Nada mais natural que o amor da pátria[17]; mas também, nada mais confuso, nada mais abusado, nada mais degenerável. Toda a[18] planta quer[19] ao húmus, de que se nutre, ao envoltório aéreo, onde respira, ao pedaço de azul celeste, que lhe sorri e a orvalha. Mas esses rebentos da seiva terrestre não têm paixões, como a planta humana. Esta é, de seu natural, ambiciosa, violenta, agressiva, invasora, absorvente, exclusivista; e todas essas aberrações malévolas facilmente mistura com o patriotismo, que, assim entendido, se parece tanto com o bom amor da pátria como o mal com o bem.

Desconfiai dos rótulos, que mentem, meus amigos, e habituai-vos a contrastear a mercadoria com o critério vivo do vosso bom

---

[16] Porque. — Em um só vocábulo, a modelo do francês (pourquoi?) e do italiano (perché?). É o advérbio de causa, figurante, aí, em uma interrogação indireta.

[17] O amor da pátria. — V. nota 10.

[18] Toda a planta: qualquer planta. — Atualmente, costuma-se distinguir 'todo o' (= inteiro) de 'todo' (= qualquer). Os clássicos, entretanto, de cuja linguagem Rui procurava aproximar-se, usavam indistintamente de uma e outra forma.

[19] Quer ao húmus... — Acompanhado de complemento com 'a', ou verbo 'querer' significa amar, estimar, ter afeto.

senso. Pois não foi o Terror, por exemplo, quem[20] inaugurou em política a senha da *Fraternidade*? A guilhotina fizera desta palavra a expressão do fratricídio, arvorado em lei de governo. "Cheguei a esta conclusão", filosofava Metternich em Paris: "reinando a *fraternidade*, que aqui se usa, se eu tivesse *irmãos*, tratá-los-ia de *primos*". As mais horrendas matanças que ensangüentaram aquele país, tocam ao *regímen*[21] dessa legenda pacificadora: desde as trucidações de mulheres e meninas pelos setembristas[22] em 1792 até o assassínio dos reféns pelos comunistas em 1871.

Já vedes que, no vocabulário dos sofismas da maldade, os mais formosos nomes padecem deturpações de sentido atrozes. Mas dessas fraudes blasfemas nenhum sofreu ainda maiores torturas que o de patriotismo. Não vos iludais com essas falsificações abominandas[23]. O sentimento que divide, inimiza, retalia, detrai, amaldiçoa, persegue, não será jamais o da pátria. A pátria é a família amplificada. E a família, divinamente constituída, tem por elementos orgânicos a honra, a disciplina, a fidelidade, a benquerença, o sacrifício. É uma harmonia instintiva de vontades, uma desestudada permuta de abnegações, um tecido vivente de almas entrelaçadas. Multiplicai a célula, e tendes o organismo. Multiplicai a família, e tereis a pátria[24]. Sempre o mesmo plasma, a mesma substância nervosa, a mesma circulação sangüínea. Os homens não inventaram, antes

---

[20] Quem. — Modernamente quase só se emprega referido a "pessoa" ou, como é a situação presente, no caso de "personificação" do termo a que se alude (o Terror, episódio da Revolução Francesa).

[21] Regímen. — À variante vernácula 'regime', Rui prefere sistematicamente a forma alatinada 'regímen'.

[22] Setembristas em 1792: os autores de execuções sumárias de mais de mil pessoas, entre 2 e 6 de setembro, nas prisões de Paris, durante a Revolução Francesa.

[23] Abominandas: que devem ser abominadas. — O termo usado pelo escritor (mais preciso que *abomináveis*) põe em relevo a idéia de "obrigatoriedade", contida na forma latina originária.

[24] Multiplicai... e tendes/Multiplicai... e tereis. — Equivalente(s) semântico(s) da construção condicional (= Se multiplicardes... tereis). A oposição de tempos verbais (tendes / tereis), de natureza estilística, representa o contraste entre as idéias, respectivamente, de "conseqüência certa" e "conseqüência esperável, ou previsível".

adulteraram a fraternidade de que o Cristo lhes dera a fórmula sublime, ensinando-os a se amarem uns aos outros: *Diliges proximum tuum sicut te ipsum*[25].

Dilatai a fraternidade cristã, e chegareis das afeições individuais às solidariedades coletivas, da família à nação, da nação à humanidade. Objetar-me-eis com a guerra? Eu vos respondo com o arbitramento. O porvir é assaz vasto para comportar esta grande esperança. Ainda entre as nações, independentes, soberanas, o dever dos deveres está em respeitar nas outras os direitos da nossa. Aplicai-o agora dentro nas[26] raias desta: é o mesmo resultado; benqueiramonos uns aos outros, como nos queremos a nós mesmos. Se o casal[27] do nosso vizinho cresce, enrica e pompéia, não nos amofine a ventura, de que não compartimos. Bendigamos, antes, na rapidez da sua medrança, no lustre da sua opulência, o avultar da riqueza nacional, que se não pode compor da miséria de todos. Por mais que os sucessos[28] nos elevem, nos comícios, no foro, no parlamento, na administração, aprendamos a considerar no poder um instrumento da defesa comum, a agradecer nas oposições as válvulas essenciais de segurança da ordem, a sentir no conflito dos antagonismos descobertos a melhor garantia da nossa moralidade. Não chamemos jamais de *inimigos da pátria* aos nossos contendores. Não averbemos[29] jamais de *traidores à Pátria* os nossos adversários mais irredutíveis.

A pátria não é ninguém: são todos; e cada qual tem no seio dela o mesmo direito à idéia, à palavra, à associação. A pátria não é um sistema, nem uma seita, nem um monopólio, nem uma forma de governo: é o céu, o solo, o povo, a tradição, a consciência, o lar, o berço dos filhos e o túmulo dos antepassados, a comunhão da lei, da língua e da liberdade. Os que a servem são os que não invejam, os que não infamam, os que não conspiram, os que não sublevam, os que não desalentam, os que não emudecem, os que não se acovardam, mas resistem, mas ensinam, mas esforçam, mas pacificam,

---

[25] Amarás teu próximo como a ti mesmo.

[26] Dentro nas raias: dentro das raias. — É *dentro em* locução prepositiva corrente na linguagem dos clássicos.

[27] Casal: pequena propriedade; granja, sítio.

[28] Sucessos: acontecimentos.

[29] Averbemos: qualifiquemos, tachemos.

mas discutem, mas praticam a justiça, a admiração, o entusiasmo. Porque[30] todos os sentimentos grandes são benignos, e residem originariamente no amor. No próprio patriotismo armado, o mais difícil da vocação, e a sua dignidade, não está no matar, mas no morrer. A guerra, legitimamente, não pode ser o extermínio, nem a ambição: é simplesmente a defesa. Além desses limites, seria um flagelo bárbaro, que o patriotismo repudia.

Mas o patriotismo, praticamente, consiste, sobretudo, no trabalho. *Laboremus*[31], murmurava, expirando, o imperador romano. *Laborate*[32], estão a dizer-vos, na sua austera alegria, todos os cânticos desta solenidade, seus emblemas, seus quadros, as recordações de vossa vida entre estes muros que aqui ficam, na constância da sua imobilidade, a hospedar outras gerações, e assistir a outras despedidas.

O saber moderno, espancando incomensuravelmente as estremas[33] do universo acessível à sonda humana[34], rasgou ao estudo páramos encantados, revelou à curiosidade imprevistos fabulosos, armou a observação de instrumentos estupendos, variou-nos ao infinito o campo do trabalho. Mas, por isso mesmo, o adscreveu a uma prudência, a uma temperança, a uma humildade, que encerram a cada trabalhador[35] nos âmbitos mais estreitos. As sínteses vêm a ser agora de uma vastidão e complexidade inenarravelmente embaraçosas. As análises, de uma particularização, uma severidade e uma delicadeza não menos exigentes. De sorte que, nessa imensidade incalculável, balizada pela imaginação entre dois infinitos, o

---

[30] Porque. — Introduz oração coordenada que contém a justificação do que foi dito no período anterior. Quando de certa duração ou a serviço da ênfase oratória, a pausa que separa a oração de "porque" coordenativo pode assinalar-se por ponto-e-vírgula e, até, por ponto simples.

[31] "Laboremus". — Forma verbal latina: trabalhemos.

[32] "Laborate". — Forma verbal latina: trabalhai.

[33] Estremas: divisas, fronteiras.

[34] Sonda humana. — Emprega-se a expressão em sentido figurado. Há de entender-se aproximadamente assim: o conjunto de recursos de que podem dispor os homens para abranger a imensidão de conhecimentos que o saber moderno lhes permite abarcar.

[35] Encerram a cada trabalhador. — Objeto direto expresso por nome de pessoa ou referente a pessoa, aceita, facultativamente, a presença da preposição 'a'.

do invisível sidéreo e o do invisível microbiano, o menor recanto, conscienciosamente explorado, basta a absorver as forças de um talento e a atividade de uma vida.

Quanto mais largas vastidões abrange o saber, tanto mais razão de serem modestos os seus cultores. A circunferência visual se ensancha, à medida que a luneta do observatório alcança mais longe. Mas o observador é um ponto, que se reduz cada vez mais no centro do horizonte sensível. Muito há que alguém disse: "O sábio sabe que não sabe".

Considerai agora quanto mais discretos, quanto menos desvanecidos não devemos de ser os que não transpomos[36] a condição ordinária da mediocridade, e, como esses, os principiantes, os novos, as crianças, todos os que, no revolver desses latifúndios, estão ainda à flor da terra. Não vos desacoroçôo do estudo, meus amigos: tão-somente vos acautelo da presunção. Por menor que seja a safra intelectual de cada um, pode ser um tesoiro[37]: um dia afortunado enriquece às vezes o explorador. Nem só os laureados entre os demais, os que aumentam de novos cabedais o patrimônio comum, se hão de ter por bem pagos da lida estudiosa. Saber estudar, possuir a arte de aprender, habilitar-se a navegar seguro por essas águas e através desses escolhos, já é ser abastado nas posses, e ter aproveitado o tempo. Conhecer da natureza quanto seja mister, para adorar com discernimento a Deus[38], e governar com acerto a vida, sobejamente compensa as maiores canseiras do entendimento, desde as porfias da escola até às meditações do gabinete. Por distintos, porém, que vos logreis fazer entre todos, ainda que o mundo vos enrame a fronte de coroas, e o nome se vos grave entre os dos privilegiados na fama, não seja nenhum de vós confiado na sua suficiência, nem da sua glória se envaideça. Porque só há uma glória verdadeiramente digna deste nome: é a de ser bom; e essa não conhece a soberba, nem a fatuidade. Depois, a ciência é grande, mas os cientes, na infinidade do seu número, são pequeninos, como pequeninos são, contemplados do espaço, os maiores acidentes da superfície terrestre.

---

[36] Os que não transpomos. — V. nota 1.

[37] Tesoiro. — V. nota 9.

[38] Adorar... a Deus. — Objeto direto representado pelo nome "Deus" requer obrigatoriamente a preposição 'a'.

Mocidade vaidosa não chegará jamais a virilidade útil. Onde os meninos camparem[39] de doutores, os doutores não passarão de meninos. A mais formosa das idades ninguém porá em dúvida que seja a dos moços: todas as graças a enfloram e coroam. Mas de todas se despiu, em sendo presunçosa. Nos tempos de preguiça e ociosidade cada indivíduo nasce a regurgitar de qualidades geniais. Mal esfloraram os primeiros livros, e já se sentem com força de escrever tratados. Dos seus lentes desdenham, nos seus maiores desfazem[40], chocarreiam dos mais adiantados em anos. Para saber a política, não lhes foi mister conhecer o mundo ou tratar[41] os homens. Extasiados nas frases postiças e nas idéias ressonantes, vogam à discrição[42] dos enxurros da borrasca, e colaboram nas erupções da anarquia. Não conhecem a obediência aos superiores e a reverência aos mestres. São os árbitros do gosto, o tribunal das letras, a última instância da opinião. Seus epigramas crivam de sarcasmos as senhoras nas ruas; suas vaias sobem, nas escolas, até à cátedra dos professores. É uma superficialidade satisfeita e incurável, uma precocidade embotada e gasta, mais estéril que a velhice. Deus a livre a esta[43] de tais sucessores e vos preserve de semelhantes modelos.

Sede, meus caros amiguinhos, tais quais o verdor florescente de vossos anos o exige: afervorados, entusiastas, intrépidos, cheios das aspirações do futuro e inimigos dos abusos do presente. Mas não vos reputeis o sal da terra[44].

---

[39] Camparem: gabarem-se, jactarem-se.

[40] Nos seus maiores desfazem: desmerecem, amesquinham os seus antepassados.

[41] Tratar os homens: saber lidar com os homens.

[42] À discrição dos enxurros: à vontade dos enxurros, sem lhes opor resistência.

[43] Deus a livre a esta. — O termo 'a esta' (= a velhice) funciona, a benefício da clareza, como aposto do objeto direto 'a'.

[44] O sal da terra: os salvadores do mundo, os que alimentam a vã intenção de corrigir as fraquezas dos homens. — Com esta metáfora se designam, em Teologia, os Apóstolos.

Habituai-vos a obedecer, para aprender a mandar. Costumai-vos a ouvir, para alcançar a[45] entender. Afazei-vos a esperar, para lograr concluir. Não delireis nos vossos triunfos. Para não arrefecerdes, imaginai que podeis vir a saber tudo; para não presumirdes, refleti que, por muito que souberdes, mui pouco tereis chegado a saber. Sede, sobretudo, tenazes, quando o objeto almejado se vos furtar na obscuridade avara do ignoto. Profundai a escavação, incansáveis como o mineiro no garimpo. De um momento para outro, no filão resistente se descobrirá, talvez, por entre a ganga, o metal precioso.

Haveis de ouvir falar amiúde em portentos e monstros, cuja capacidade nasce consumada e deslumbrante do seio materno, como Palas da cabeça de Júpiter[46]. O portento pagão se renova, entre nós, debaixo de todos os tetos. Cada família se gaba de uma águia[47]. Triste ilusão da paternidade mal equilibrada. Os gênios são meteoros raros, nem sempre benéficos. E raramente serão frutos espontâneos da natureza: as mais das vezes os cria a paciência e a perseverança. É a assiduidade na educação metódica e sistemática de nós mesmos o que descobre[48] as grandes vocações e amadurece os grandes escritores, os grandes artistas, os grandes observadores, os grandes inventores, os grandes homens de Estado. Não contesto a *inspiração*; advirto apenas em que é freqüentemente uma revelação do trabalho.

Dos que nascem argentários se fazem ordinariamente os pródigos inúteis e malfazejos. A cultura pertinaz e obstinada é que desentranha da gleba revessa as vegetações luxuriantes, as florescências maravilhosas, as frutificações opulentas, searas, pomares, rebanhos, metrópoles, nações, estados, prole imensa desse casamento perene, abençoado por Deus, entre a terra e o trabalho. Trabalhai, pois, mas

---

[45] Alcançar a entender. — Regência arcaizada do verbo alcançar, no sentido de *conseguir*, *lograr*.

[46] Como Palas da cabeça de Júpiter. — Entidades mitológicas: Palas, deusa da sabedoria, das artes e da guerra, era filha de Júpiter, que a fez sair de seu cérebro, já armada da cabeça aos pés.

[47] Águia: pessoa de grande talento (em sentido figurado).

[48] É a assiduidade... o que descobre. — Sintaxe clássica, de largo uso até os fins do século XVIII. Um tanto rara na linguagem atual, que, em regra, prescinde do antecedente 'o' (a, os, as).

persistentes, incessantes, como o sol de todos os dias e o orvalho de todas as noites. Ouvireis discorrer de grandes e pequenas nacionalidades, de impérios poderosos e repúblicas desprezíveis. Tudo aí é atividade, ou indolência; tudo vai do trabalhar, ou não trabalhar. Não há senão[49] povos, que trabalham, e povos, que não trabalham. Se nós trabalhássemos, não veríamos, no Brasil, com os seus dezesseis ou dezoito milhões[50] de habitantes, um território capaz de alimentar a população da China e uma natureza bastante a fartar metade da Europa, essa importação factícia e indizivelmente lamentável das questões da miséria, que açoitam, no velho Continente, os países exaustos ou sobrepovoados.

Mas o trabalho é rude, às vezes desabrido, ferrenho, desconversável: não lisonjeia os seus neófitos, não ameniza as suas durezas, não condescende com as nossas debilidades. Mas é preciso encará-lo serenamente. Não conheceis esses corações meigos, francos, donosos, que um córtex de árvore enrugada e sombria oculta aos olhos vulgares? Insisti, familiarizai-vos; e acabareis vetado, afinal, como o sobrecenho se desfranze, a aridez se orvalha, o amargor se adoça, e de onde se oiriçava[51] ele obstáculos e antipatias a crespidão impenetrável, começam a soabrir inesperados favos, a abrolhar surpresas, a destilar mimos, a se tramar sutilmente de liames e carícias inefáveis a rede, que nos enlaça para sempre nas suas malhas. Fez-se carne da nossa carne: entrou da epiderme ao músculo, do músculo ao nervo, do nervo à medula, ao coração, ao tecido pulmonar, ao oxigênio do sangue, à célula cerebral, ramificando os fios imperceptíveis de vaso em vaso, entretecendo-os de fibra a fibra, atravessando-os de glóbulo em glóbulo, até se implantar em nós, inseparavelmente, como a mais orgânica das nossas necessidades e o mais generalizado elemento da nossa vida. Eis o trabalho como o eu amo, como o eu sinto[52], como é mister, para regenerar o homem, para transformar os povos, para criar os moços.

---

[49] Senão: exceto. — Em um só vocábulo; serve de pôr uma exceção a uma expressão negativa. (Cf. 'se não', nota 125).

[50] Dezesseis ou dezoito milhões de habitantes. — Recorde-se que este discurso é de 1903.

[51] Oiriçava. — V. nota 9.

[52] Como o eu amo, como o eu sinto — Colocação arcaica do pronome pessoal átono, completamente proscrita do estilo hodierno.

Somente a aquisição desta segunda natureza não se obtém sem o seu tirocínio especial um pouco árduo nos primeiros começos, mas logo depois cheio de salutares compensações. Evitai o perfunctório, o superficial, o atamancado. Ousai sempre o que meditadamente resolverdes. Ultimai sempre o que tentardes. Proponde-vos a tarefa, estreita, moderada, circunscrita, segundo o vosso alento; mas esgotai-a, limai-a, poli-a. Não vos fique dúvida, que não esquadrinheis; imperfeição, que não corrijais. Tende por igualmente dignos de consideração assim os máximos, como os mínimos defeitos; e não vos escape aresta, interstício, aspereza, mancha, inarmonia. Não dissimuleis, em suma, com a vossa obra. Quando vos sair das mãos, seja, até onde puderdes, acabada. E, se destarte vos exercitardes algum tempo, tereis adquirido o grande hábito, o hábito salvador, o hábito do trabalho sério, educativo, fertilizante. Praticai-o assim, que não vos arrependereis: será o criador da vossa fortuna, o ornamento do vosso nome, o consolo de vossa velhice. Mas, não começando nos anos juvenis, tarde será nos outros. Vegetareis então como o sapé das terras cansadas, entonado, exuberante, mas ocioso, bravio, daninho, símbolo da esterilidade satisfeita e ostentada ao sol.

Falara da Pátria. Venho de falar-vos do trabalho. Agora vos falarei no ideal.

Se vos eu dissesse[53] que o ideal é a parte mais grave da realidade humana? Filhos desta casa, bem mo compreenderíeis. Como definir o ideal? O ideal não se define; enxerga-se por clareiras que dão para o infinito: o amor abnegado; a fé cristã; o sacrifício pelos interesses superiores da humanidade; a compreensão da vida no plano divino da virtude; tudo o que alheia o homem da própria individualidade, e o eleva, o multiplica, o agiganta, por uma contemplação pura, uma resolução heróica, ou uma aspiração sublime.

Disse o Cristo que o homem não vive só do pão. Sim; porque vive do pão e do ideal. O pão é o ventre, centro da vida orgânica. O ideal é o espírito, órgão da vida eterna. Entendei, como quiserdes, a eternidade e a espiritualidade. Se debaixo de uma ou de outra forma, que será o ideal mais ou menos celeste, mais ou menos terreno, não as admitirdes, tereis reduzido os entes racionais à

[53] E vos eu dissesse. — V. nota 52.

animalidade. A política experimental dos incrédulos ainda não pôde agenciar para o grande ensaio, no grêmio da civilização, uma nacionalidade materialista. Até hoje, os celeiros do gênero humano, as terras onde loirejam[54] as messes, onde florescem os linhos, onde se tecem as lãs, onde os rebanhos se renovam como a erva dos prados, são os que se fertilizam com o suor dos povos crentes. Esbulhá-los do seu ideal era mais difícil que bani-los das suas pradarias, dos seus armentos, das suas searas, dos seus linhares, das suas manufaturas. Porque[55], nesses povos, a consciência domina todas as instituições e todos os interesses. A religião os fez livres, fortes e poderosos. Pela religião fizeram as suas maiores revoluções. À sombra da religião fundaram os seus direitos. Tirassem a esses Estados o seu ideal, que restaria? Grandes construções morais, sem o cimento que as soldava. Tremendas forças sociais, sem o freio que as continha. Massas enormes, sem coesão que as detivesse, como os rochedos erráticos nas eras diluvianas, ou as aludes[56] soltas pelos despenhadeiros dos Alpes. Quando o fratricídio separatista[57], nos Estados Unidos, abalou com uma guerra sem exemplo os eixos do mundo, lutava um interesse com um ideal. O ideal, que era a liberdade, esmagou para sempre o interesse, que era o cativeiro. Acreditais que fora do cristianismo uma nação de Titãs abrisse assim as próprias veias, para expiar e extinguir o crime da exploração de uma raça aviltada?

Aí tendes, caracteristicamente, o valor prático desse elemento imponderável, mas decisivo, nos destinos humanos. Vede o Oriente e o Ocidente: são dois ideais. Vede a Palestina, Atenas, Roma: três ideais, moldando três mundos. Vede a Idade Média, a Renascença,

---

[54] Loirejam. — V. nota 9.

[55] Porque. — V. nota 30.

[56] As aludes: grande massa de neve, que se desagrega da montanha e despenha encosta abaixo. — Palavra basca, de introdução relativamente recente em Português (no século XIX?), com gênero, ordinariamente, masculino.

[57] Fratricídio separatista: a chamada "Guerra de Secessão", que, nos EUA, opôs, de 1861 a 1865, uma confederação de Estados do Sul (partidários da escravidão dos negros) aos Estados do Norte (defensores da libertação dos negros), tendo terminado com a vitória dos nortistas.

a Revolução Francesa; a Emancipação Americana: quatro épocas, individualizadas cada uma por um idealização profana ou sagrada. E notai: na Renascença o ideal pagão irradia pela terra as graças de Hélade; mas os prodígios de uma civilização gerada no culto exclusivo da beleza evocam do mesmo berço as artes mais gentis e os mais hediondos crimes. Na Revolução Francesa, o ideal filosófico, ermando os altares, poluindo os templos, exterminando os sacerdotes, entrega a França à anarquia sanguinária do Terror, cujas alucinações homicidas legitimaram como remédio providencial a tirania militar. Na Emancipação Americana, o ideal cristão funda uma constituição sem igual, uma democracia sem igual, uma prosperidade sem igual, uma potência desmarcada e assombrosa, que, virtualmente entronizada no protetorado de um Continente, projeta a sua sombra sobre o outro através dos dois oceanos.

Esse é o ideal que, em 1889, nos atraiu[58]. Notai bem, meus caros afilhados: o vosso paraninfo não vem politicar neste recinto sagrado. Discuto uma questão essencialmente moral, e, como ela intimamente entende com[59] os deveres do civismo, que, hoje em dia, entre os povos livres, se professam com as primeiras letras, não se pretenderá que eu me demasie, ocupando-me, em uma colação de grau a bacharéis, com as origens e os caracteres morais da Constituição brasileira. Uma Constituição é, por assim dizer, a miniatura política da fisionomia de uma nacionalidade. Quando não seja, pois, um falso testemunho solenemente levantado ao povo a que se destina, tem de lhe esboçar em grandes traços o sentimento geral. Seria ele positivista, ateísta, indiferentista, no Brasil, quando tombou, em 1889, a Monarquia, e se erigiu a República em 1891? Ou teria a Constituição de 24 de fevereiro rompido abertamente, em matéria espiritual, com a índole brasileira, impondo-lhe um pacto constitucional, que a oprima?

Há, por aí, uma feição peculiar de radicais, emanação da França voltairiana, da França revolucionária, da França jacobina, da França

---

[58] O ideal que, em 1889, nos atraiu: o de inspirar-se no modelo americano a organização política da República recém-instituída no Brasil. Isto de fato aconteceu, porque coube justamente a Rui redigir o projeto da Constituição de 1891.

[59] Entende com: diz respeito a, relaciona-se com.

contista, que imaginou engendrar a teoria da nossa Constituição à luz das tendências francesas, das preocupações francesas, das reações francesas, das idiossincrasias francesas. Mas, senhores, a Constituição federalista do Brasil não tem a mais remota descendência às margens do Sena. Sua embriogenia é exclusiva e notoriamente americana. Ora, os americanos, por este lado, não devem nada à influência francesa. Em 1789, quando a França abriu a era tormentosa das suas revoluções, dois anos havia que os Estados Unidos fruíam pacificamente a sua Constituição atual. A célebre *Declaração de Direitos do Homem* é de 1791. A *Declaração* americana é de 1776. De 1791 foi a primeira Constituição francesa. A primeira americana foi de 1787. De modo que os Estados Unidos precederam anos e anos a França no *regímen*[60] das constituições escritas e na declaração das liberdades humanas. A Constituição francesa tinha a sua ascendência na filosofia do século dezoito e no *Contrato Social* de Rousseau, com algumas indigestas reminiscências inglesas, hauridas em Montesquieu. A americana, com uma estirpe de seis séculos no Tâmisa, venerava a sua primeira avoenga na *Magna Carta*, as últimas nas cartas coloniais e nas Constituições das colônias emancipadas, tudo genuína e direta progênie dessa liberdade inglesa, que nunca se separou da Bíblia e da Cruz.

Verdade é que, se, ali, todos esses monumentos da era pré-constitucional reconhecem mais ou menos explicitamente a ação da Providência no governo do mundo, a Constituição americana, mãe, por adoção e identidade íntima, da nossa, omite o nome de Deus.

Mas isso não obsta a que, nos Estados Unidos, a religião seja a primeira das instituições políticas e sob essa Constituição a vida religiosa tenha um amparo mais estável e uma relação mais declarada com os grandes atos do Estado que em outro qualquer ponto da Terra. "A religião, na América", escreve Tocqueville,

> não participa diretamente no governo da sociedade; mas é, contudo, a sua mais alta instituição política. E eu tenho por certo que os americanos consideram a religião indispensável à mantença das instituições republicanas. Este juízo não é peculiar ali

---

[60] Regímen. — V. nota 21.

a uma classe, ou a um partido: pertence a toda a nação e a todas as situações sociais.

Seus homens de Estado, seus legisladores, seus presidentes nunca se envergonharam de confessar ali esta verdade, mostrando, pelos atos mais insignes, de caráter oficial, que

> a separação entre a Igreja e o Estado, tal qual se pratica naquele país, não separou a nação do cristianismo.

Quando a Convenção americana, de que a Convenção francesa foi antítese, labutava, entre escolhos temerosos, na tarefa da construção constitucional, dia houve, em que todos os ânimos soçobraram, parecendo irremediavelmente naufragada a tentativa de compor das colônias redimidas uma grande nação. Então, em momentos de inexprimível tristeza, Franklin se levantou, entre os constituintes, e disse:

> Temos discorrido[61] um por um todos os estados de Europa; mas nenhuma das suas Constituições se adapta às nossas circunstâncias. Posta esta assembléia em tal situação, como que às escuras no buscar da verdade, e quase incapaz de a discernir, quando a encontre — como vem a ser que, até agora, nos não tenha acudido socorrermo-nos ao Pai de toda a luz, exortando-lhe nos ilumine o entendimento? Ao começar da pendência com a Grã-Bretanha, quando os perigos nos traziam em sobressalto, celebrávamos preces, todos os dias, neste recinto, implorando a proteção divina. Nossas súplicas, senhores, foram escutadas e dadivosamente correspondidas. Todos os que afanávamos[62] no conflito, amiudadas ocasiões tivemos de observar a intervenção da Providência em nosso favor. A essa Providência generosa devemos este ensejo, que ora se nos oferece, de estarmos deliberando em paz sobre os meios de plantar a nossa futura prosperidade nacional. E havemos de esquecer agora esse patrocínio

---

[61] Discorrido: analisado, examinado.

[62] Todos os que afanávamos. — V. nota 1.

> omnipotente? Ou cuidamos já não haver mister de que nos assista[63]? Tenho vivido largos dias, senhores, e, quanto mais vivo, mais convincentes provas se me deparam desta verdade, que Deus superintende os negócios humanos. Ora, se uma avezinha não cai, sem que Ele o saiba, como poderia suceder que se erija um grande império, faltando-lhe a Sua ajuda! As sagradas escrituras nos asseveram que, "se Deus não edificar a casa, debalde se cansarão os que a constroem". Eu firmemente o acredito. Permiti-me, portanto, alvitrar que, de ora avante, nesta assembléia, todas as manhãs, antes de encetarmos os nossos trabalhos, se façam preces, rogando a assistência do Céu, as suas bênçãos, e que, para oficiar em tal serviço, convidemos um ou mais membros do clero.

Nem era da boca de um devoto, de um católico fervente, ou de um rígido puritano, que se exalavam, no seio daquele congresso político, essas eloqüentes homenagens à divindade. Franklin professava a filosofia, simpatizava com os espíritos mais livres da França, e, na família dos grandes investigadores científicos, não teve, talvez, até hoje, sucessor em seu país.

Percorrei toda a série dos grandes estadistas americanos, daqueles, em particular, que sopesaram as maiores responsabilidades do governo: nenhum esqueceu a Deus[64] em horas solenes. Jefferson mesmo, cujo espírito político se educara sob o influxo das teorias francesas, e convivera intimamente, em França, com os chefes da incredulidade, o próprio Jefferson repassava de acentos cristãos as suas mais solenes comunicações ao Congresso. Sua mensagem inaugural, em cujo curso aludia à "religião benfazeja" e à "Providência que nos governa", terminava com esta súplica:

> Queira esse Poder infinito, que rege os destinos do universo, guiar-nos as deliberações para o melhor, azando-lhes sucesso favorável ao nosso descanso e prosperidade.

Washington, antes dele, dera o exemplo memorável. Pronunciando, em abril de 1789, a sua primeira fala ao Congresso, nas

---

[63] Assista: proteja, ajude.

[64] Esqueceu a Deus. — V. nota 38.

palavras lhe reverberava a unção de um levita oficiando, no Tabernáculo:

> Seria singularmente injusto omitir, no primeiro dos nossos atos oficiais, os meus fervorosos rogos ao Ser Onipotente, que senhoreia o universo, que preside aos conselhos das nações, e cujo valimento providencial pode suprir todas as deficiências humanas, conjurando-Lhe[65] que as suas bênçãos consagrem à liberdade e à boa ventura do povo dos Estados Unidos um governo por ele instituído essencialmente com esse intuito, e habilitem cada um dos instrumentos utilizados na sua administração a exercer com acerto as funções do seu cargo. Rendendo este preito ao grande autor de todo o bem, público e privado, certo estou de exprimir não menos os vossos sentimentos que os meus, e os dos vossos concidadãos em geral tanto quanto os meus e os vossos. Nenhum povo está em maior obrigação de reconhecer a mão invisível, que ruma os negócios humanos, do que o povo dos Estados Unidos. Em cada uma de suas passadas para a independência nacional como que se distingue o rasto da intervenção da Providência... Na economia da natureza, a felicidade e prosperidade gerais andam indissoluvelmente associadas como sólidas recompensas à honestidade e magnanimidade no governo. O céu não pode sorrir propício à nação, que transgredir as normas eternas da ordem e do direito, pelo céu mesmo estabelecidas.

Sete anos depois, encerrando a sua carreira pública nessa Mensagem de Despedida, o célebre *Farewell Address*, meditava ali, depois, sucessivamente, por todas as gerações, como capítulo sagrado, o *pai dos Estados Unidos* lhes recomendou mais uma vez o espírito cristão como primeiro mandamento do governo:

> De todas as inclinações e hábitos que nos conduzem à prosperidade política, os indispensáveis alicerces vêm a ser a religião e a moral. Em vão reclamaria o tributo do patriotismo aquele, que trabalhasse por subverter esses grandes sustentáculos da

[65] Conjurando-Lhe: rogando-lhe com insistência.

felicidade humana, os mais firmes esteios de todos os deveres do homem e do cidadão. Os políticos não lhes devem querer menos que as almas pias... Conceda-se o que se conceder à influência de uma apurada educação em espíritos dotados de prendas singulares: nem a razão, nem a experiência nos deixam esperar que a moralidade nacional se preserve sem o concurso do princípio religioso.

Assim compendiava todo o saber do seu gênio e dos seus anos o estadista, que uma frase consagrada aponta, na história de seu país, como "o primeiro na guerra, o primeiro na paz, o primeiro no coração dos seus conterrâneos". Obra de[66] sessenta anos mais tarde, essa imponente fábrica[67], erigida pela sagacidade dos homens de 1787 e pela sabedoria de Washington, parecia abismar-se num cataclismo indescritível. A escravidão, o grande pecado contra o Evangelho, devorava numa catástrofe incomparável aquela Constituição, admirada por ingleses como o maior artefato político do cérebro humano. Um Homem tinha então o leme da nave entre os macaréus. Inteiriço, destemido, grande, justo, era o tipo nativo do americano, a personificação de um país, em suas maiores virtudes e seus melhores dotes, em uma individualidade extraordinária[68].

E é para a divina justiça e para a divina misericórdia que ele estende as mãos, nesse transe quase extremo de agonia. A sua segunda mensagem inaugural, "documento sem paralelo entre os papéis de Estado", toca[69] o ápice da eloqüência religiosa. "Ambas as partes contendentes", diz ele,

lêem pela mesma Bíblia, e oram ao mesmo Deus, invocando cada qual o seu auxílio contra a outra. Pareceria estranho que ousassem impetrar o socorro de Deus justo homens empenhados em amassar o seu pão com o suor de seus semelhantes. Mas não julguemos, porque[70] não venhamos a ser julgados. Ele não poderia

---

[66] Obra de: cerca de, perto de, mais ou menos.

[67] Fábrica. — A palavra representa aí, figuradamente, a Constituição americana, sobre a qual vinha Rui falando.

[68] O período retrata o Presidente Abraham Lincoln.

[69] Toca: atinge, chega até a.

[70] Porque: para que. — Conjunção final.

escutar as súplicas de ambos os contendores. Também não tem respondido inteiramente às de nenhum. O Todo Poderoso não nos descobre os seus desígnios. Ai do mundo pelo escândalo, visto que o escândalo forçosamente sucederá; mas também ai do homem que o der. A supormos que a escravidão seja um desses crimes inevitáveis na Providência de Deus, mas que, tendo cumprido o seu tempo, Ela o queira agora eliminar, dando ao Norte e ao Sul esta guerra tremenda como punição daqueles por quem o escândalo veio — onde aí o desvio desses atributos divinos, que os crentes no Deus vivo sempre lhe reconheceram? Com ardor almejamos, obtestamos[71] com fervor que de nós se afaste rapidamente calamidade tão horrenda. Se, contudo, aprouver a Deus prolongá-la, até que a opulência amontoada por duzentos e cinqüenta anos de labor incessante do escravo se aniquile de todo em todo, e cada gota de sangue vertida pelo azorrague se acabe de pagar com outra gota de sangue derramado pela espada, força é redizermos, como, há três mil anos, se disse: "As sentenças do Senhor são verdadeiras e justas".

Será essa a linguagem de um ditador, ou a de um pontífice? Poucas semanas depois, em uma Sexta-Feira Santa, por entre os hinos da vitória que acabara de esmagar os escravistas, caía assassinado, como para selar o triunfo com as últimas gotas de sangue da expiação, o imaculado libertador, cujas palavras de humildade haviam oferecido a própria pátria em holocausto à justiça divina. Ao horror solene do atentado sucedeu, não se sabe por que emoção misteriosa, a apaziguação das paixões vingadoras. As ondas volveram abonançadas ao seu leito. O naufrágio do escravismo repusera a civilização americana no álveo da moral cristã. A voragem havia tragado um milhão de vidas. Mas a liberdade salvara quatro milhões de almas. A paz estava feita em nome do Cristo.

Anos depois, morre vítima de outro crime sinistro o Presidente Garfield, e a mensagem do seu sucessor[72], anunciando o infortúnio público, se embebe na unção dos pregadores:

Houve por bem o Senhor, na sua insondável sabedoria,

[71] Obtestamos: rogamos, suplicamos.

[72] Presidente Benjamim Harrison.

> arrebatar-nos o presidente dos Estados Unidos. A dor profunda, que transborda de todos os corações, deve-se elevar, de impulso unânime, ao trono da graça infinita. Acurvados sob a mão do Todo Poderoso, busquemos nela a santificação do nosso luto e a consolação, que, por esta perda, nos for servido conceder.

O ano de 1876[73], festeja a República, entre demonstrações magníficas, o centenário da independência americana, e o lugar supremo na gratidão nacional é oferecido ao Senhor. O Senado e a Câmara dos Representantes, reunidos em congresso, proclamam

> com adoração, em nome do povo inteiro, que Deus tem sido, para ele[74] a fonte e o manancial, o autor e o distribuidor de todos os bens.

Festeja-se em 1887, com solenidades que atraíram a atenção e a concorrência do orbe inteiro, o centenário da Constituição dos Estados Unidos. Abre a grande cerimônia o bispo católico Potter, de New York, com uma admirável invocação a Deus, que termina pelas singelas expressões do Padre-Nosso. Só após dele[75] fala, presidindo, o Presidente da República[76], e, ao concluir, aludindo à imagem do Sol, debuxada, um século antes, sobre a cadeira que Washington ocupava quando os delegados estaduais firmaram a Constituição, assim se enuncia:

> Estamos agora no mesmo lugar, onde este sol rompia das trevas políticas, e à resplandecência da sua luz meridiana lhe traçamos hoje o curso glorioso. Seus raios por vezes se toldaram de nuvens. Formidáveis borrascas nos encheram de medo. Mas Deus o conteve na sua órbita, e com o seu calor vivificante

---

[73] O ano de 1876: No ano de 1876. — Omissão da preposição em nos adjuntos adverbiais que denotam o tempo ou ocasião em que alguma coisa ocorre: este ano, quinta-feira, domingo passado.

[74] Ele: o povo.

[75] Após dele: após ele, imediatamente depois dele. Construção clássica, uma que outra vez foi agasalhada por escritores contemporâneos.

[76] James Abram Garfield. Foi assassinado.

> obrou[77] o mais recente dos seus milagres, criando a maravilha desta terra e a maravilha deste povo. Quando volvemos os olhos cem anos atrás, atentamos na origem da nossa Constituição, e a contemplamos, já nas provações, já nos triunfos; quando vemos como os princípios, onde ela estriba, cabalmente remediaram a todas as necessidades nacionais, e obviaram a todos os perigos nacionais, sentimo-nos levados a repetir devotamente com Franklin: "Deus guia os negócios humanos".

Outros oradores se ouviram em seguida. Mas quem encerra a festividade é a religião. O Cardeal Gibbons pronuncia a oração final, e, por último, um sacerdote despede os fiéis com a bênção *em nome de Nosso Senhor Jesus Cristo*.

Dois anos mais tarde perfaz um século de inaugurada a presidência dos Estados Unidos na pessoa de Washington. Seu sucessor, no termo do ciclo secular, é o Presidente Harrison.

E de que modo assinala este essa data inolvidável? Convidando com uma proclamação o povo a se congregar todo em ação de graças ao Senhor:

> Reunam-se, às 9 horas do dia, os cidadãos de todas as religiões, nos edifícios ordinários de seu culto, a fim de rogar a Deus favoreça o povo com as dádivas da liberdade, prosperidade e paz, guiando-o pelo caminho da justiça e do bem.

É um dos exemplos desse mavioso costume nacional que nasceu com a nacionalidade americana. Em 1789, a solicitações formais do Congresso, Washington proclama ao povo, exortando-o a se unir unânime em um profundo sentimento de gratidão para com "o glorioso Autor de todo o bem que houve e haverá". Aprazava o Presidente o dia votado às ações de graças gerais,

> em honra do Soberano e Arbitro das nações, para lhe agradecer humildemente as infinitas misericórdias e as mercês insignes de que se comprouvera em cumular o povo americano.

[77] Obrou: realizou.

E até hoje o Dia de Ação de Graças é a grande festa anual da nação, naquele país. Assim é que os americanos comemoram, ano a ano, o desembarque dos primeiros peregrinos, dos primitivos fundadores da sua nacionalidade, nas costas do Maryland[78], reconhecendo a Deus, nas palavras da proclamação de Harrison em 1891,

> os benefícios de sua Providência, a tranqüilidade em que ela lhes tem dado saboreá-los, a conservação das liberdades civis e religiosas, que a sabedoria dela induziu os seus maiores a estabelecer, e tem auxiliado os seus descendentes com a força de preservar.

Assumindo, em 1893, a presidência dos Estados Unidos; Cleveland jura, osculando a Bíblia. Sua mãe lhe dera, quarenta anos antes, um exemplar do livro sagrado. Levam-lho ao Capitólio, e sobre esse é que o novo Presidente, na grande solenidade oficial, repete o juramento de seus antecessores. Tais os auspícios sob que se pronuncia o seu discurso inaugural, onde sobressai a invocação a Deus:

> Quando considero quanto me excede as forças a tarefa, que ora se me impõe... o que me preserva de esmorecer é, sobretudo, a certeza de que existe um Ente Supremo, que dirige as cousas humanas, e, assim com a sua bondade, como com a sua misericórdia, sempre acompanhou o povo americano. Fio[79] que ele agora se não arredará de nós, se lhe buscarmos, humildes e reverentes, o auxílio poderoso.

É desta maneira que se empossam, nos Estados Unidos, os presidentes da República.

Veda a Constituição, de todo, ali, como aqui, aos poderes federais, qualquer aliança entre a Igreja e o Estado: circunvala entre este e aquela a separação mais completa. Mas os atos mais solenes do governo invocam o nome de Deus. Os generais em serviço de guerra imploram, diante das tropas, "a bondade tutelar dessa Provi-

---

[78] Do Maryland. — Subentenda-se a palavra 'Estado': "nas costas do [Estado de] Maryland". Caso de sintaxe ideológica.

[79] Fio: confio, espero.

dência quc encaminha indivíduos e nações". À voz do Presidente se reúne todos os anos, em dia certo, a nação inteira, a render graças ao Eterno. As sessões do Congresso, nas suas duas câmaras, se abrem e encerram diariamente com as preces de um sacerdote. O Senado, tem o seu capelão; tem o seu a Câmara dos Representantes, um e outro eleitos por essas duas assembléias. Têm-nos, ainda, nomeados pelo Presidente, as prisões, os hospícios de alienados, as escolas militares, o Exército e a Marinha, até vinte e quatro para esta, e para aquele trinta e quatro. A propriedade eclesiástica não se tributa, no Distrito de Colúmbia, nem nos Estados. O juramento, nas instituições federais, como nas estaduais, se defere sobre a Escritura Sagrada aos que não a rejeitam. As leis da União, como as dos Estados, consagram o descanso dominical. Em uma das suas ordens do dia, Lincoln, como general-em-chefe[80] do Exército e da Armada, no meio da terrível guerra civil em que periclitou a existência da União, impunha rigorosamente às suas forças a obediência a essa preceito. "O general espera e confia", dizia ele,

> que cada oficial e cada praça buscarão viver como convém a soldados cristãos, afanados em lutar pelos mais caros direitos de sua terra.

Nas escolas neutras, enfim, o horário profano abre espaço ao ensino religioso, distribuído pelos ministros dos vários cultos nos próprios recintos escolares.

Ali não se divisa nesses fatos o mínimo agravo à secularidade legal das instituições. O que lá se não toleraria, nem a nossa Constituição tolera, é estabelecer distinções legais entre confissões religiosas, sustentar a instrução ou o culto religioso à custa de impostos, obrigar à frequência dos templos ou à assiduidade nos deveres da fé, criar embaraços de qualquer natureza ao exercício da religião, contrariar de algum modo a liberdade de consciência, a expressão das crenças, ou a manifestação da incredulidade, nos limites do respeito às crenças e à liberdade alheias. Mas "nenhum princípio de direito constitucional se quebranta", diz um grande jurisconsulto americano, o juiz Cooley,

[80] General-em-chefe: comandante supremo de forças armadas, em guerra. — Tal expressão tem sido tachada, sem razão plausível, de galicismo.

> quando se fixam dias de ação de graças e jejum, quando se nomeiam capelães para o Exército, e a Marinha, quando se abrem as sessões legislativas, orando, ou lendo a Bíblia, quando se anima o ensino religioso, favorecendo com a imunidade tributária as casas consagradas ao culto.

Vede se anda fora da lógica o bom senso americano. O Estado exige de todos os cidadãos o imposto de sangue. Ninguém lho pode recusar, a título de que o seu credo o aborreça[81]. Ao reclamo desse dever se alistam[82] os exércitos e tripulam as esquadras. Mas esses lidadores, que se aprestam a morrer, nos campos de batalha, ou nas vagas do oceano, pela segurança, pela integridade, pela honra nacional, não abjuraram, vestindo as armas, a consciência religiosa. Levam consigo a sua fé, o seu Deus, as suas esperanças na imortalidade, o culto de seus pais. Este[83] lhes lembra todos os domingos o sacrifício cristão, lhes fala, nas tribulações, do conforto espiritual, lhes evoca, em presença da morte, os compromissos eternos de sua alma. Quem lhes há de ministrar, nos quartéis, nas escolas militares, nos vasos de guerra, os ofícios divinos? Quem, no leito do hospital, ou entre o fogo dos combates, lhes dará os socorros do céu? Quem? se a lei[84] fechar os estabelecimentos militares aos ministros do Evangelho? se as forças, que marcham para a guerra, não se acompanharem de ministros da religião? se a rigidez das obrigações militares não conhecer os mandamentos supremos da vida cristã? Há de o soldado fiel pagar, do soldo, ou da etapa, os seus capelães? Pode o soldado moribundo, na tenda, ou no campo, mandar por eles[85] ao povoado? De onde acudirá o valimento apostolar ao marinheiro,

---

[81] Aborreça: desaceite, condene (o "imposto de sangue"). — O orador está-se referindo aos cidadãos que se recusam a participar de guerra, por motivo de convicção religiosa.

[82] Alistam: recrutam.

[83] Este: o culto.

[84] Quem? Se a lei...? — O uso de minúsculas em seguida a ponto de interrogação (Quem? se a lei...? se as forças...? se a rigidez...?) decorre, aí, de serem subordinadas as orações introduzidas por "se".

[85] Mandar por eles: mandar buscá-los. — Construção antiga (hoje de todo abandonada) de "mandar + posvérbio por", com a significação de "mandar pedir, mandar buscar (algo ou alguém)."

que expira na solidão dos mares, ao conscrito que agoniza nas refregas de uma campanha entre as armas da pátria e as do inimigo? Se o marinheiro e o soldado têm direito à medicina do corpo, e ao Estado incumbe o dever de lha suprir, como não terá direito o soldado, o marinheiro à cura da alma, e ao Governo poderá ficar o arbítrio de não lha dar? A que título o civismo, vestindo-me a blusa, ou a farda, me seqüestra às relações religiosas, e, sobre[86] me exigir o sacrifício da vida, me impõe a morte do ateu[87]?

Assim, banir do quadro militar, em nome da liberdade, o elemento religioso, é estabelecer, debaixo desse nome, a mais odiosa das servidões, e pagar com a ingratidão suprema os serviços do marinheiro e do soldado. Os americanos abominariam essa falsa igualdade; porque[88] homens realmente livres não se pagam de[89] fórmulas mentidas, e acima de tudo execram a opressão, que[90] se abrigue sob hipocrisias de especioso liberalismo. Não quiseram, pois, animalizar o homem de guerra. Viram, claramente viram, que a multidão armada, sem o freio do respeito cristão, é como as feras domadas, que acabam fatalmente por devorar os domadores.

Estudem o desenvolvimento da criminalidade militar entre nós, e hão de verificar, tenho por certo, que a delinqüência adquiriu, nessa esfera, expansão notável e crescente, desde que se varreu dos quartéis a influência civilizadora do culto. Os nossos exércitos de mar e terra, constituem, hoje, a este respeito, pela mais errada inteligência das nossas liberdades constitucionais, uma exceção absurda entre os povos civilizados. Das coisas sérias, em nossa terra, por via de regra, não se cogita. Mas o soldado brasileiro há de sentir um dia que o estão desnaturando, e tomará nas próprias mãos, pacífica, mas resolutamente, a causa da sua reconciliação

---

[86] Sobre me exigir: além de me exigir.

[87] A que título... morte do ateu? — Este período documenta belíssimo exemplo de sintaxe afetiva. Com o emprego do pronome de primeira pessoa (me), o orador se identifica e confunde com os marinheiros e os soldados, solidarizando-se deste modo com eles, como se um e outros estivessem a viver a mesma situação.

[88] Porque. — V. nota 30.

[89] Não se pagam de: não se satisfazem com, não se contentam com.

[90] Que: ainda que. — Conjunção concessiva.

religiosa. Ou então, ai de nós quando o ateísmo de fuzil e baioneta se inflamar nas explosões da crueldade.

Nos Estados Unidos não se conhece esse risco; porque o seu senso político, incapaz de tais eclipses, sempre lhes mostrou que a disciplina da terra não se mantém sem a disciplina do céu, e o seu senso liberal os convenceu de que brutalizar o uniforme no abandono da religião era conferir à incredulidade os privilégios recusados ao culto.

Aí está porque[91] o constitucionalismo americano repele essa uniformidade atéia, cuja superstição professa a República no Brasil, e que não estava decerto nos intuitos dos seus fundadores. Desde 1876 que eu escrevia e pregava contra o consórcio da Igreja com o Estado; mas nunca o fiz em nome da irreligião: sempre, em nome da liberdade. Ora, liberdade e religião são sócias, não inimigas. Não há religião sem liberdade. Não há liberdade sem religião. "O despotismo é que passará sem a fé: a liberdade não passa", dizia Tocqueville, edificado pelo espetáculo dos Estados Unidos. "A religião", insistia,

> é muito mais necessária nas repúblicas do que nas monarquias, e muito mais ainda nas repúblicas democráticas do que em todas as demais. Como não houvera de perecer a sociedade, se, afroixando[92] o laço político, não estreitasse o vínculo moral? E que será de um povo, senhor de si mesmo, se não for submisso a Deus?

É a mesma impressão que o abalava, a esse grande pensador político, ao estudar *O Antigo Regímen*[93] *e a Revolução*:

> O povo, se quiser ser livre, há de ter convicções religiosas. Em não tendo fé, servirá[94].

---

[91] Porque. — Em um só vocábulo, de acordo com longa tradição no Idioma. Trata-se de advérbio relativo que condensa em si o antecedente.

[92] Afroixando. — V. nota 9.

[93] Regímen. — V. nota 21.

[94] Servirá: será escravo.

Essas as idéias que nos propeliam, há dezoito anos, quando vimos o padroado imperial encarcerar os bispos. Assim como não admitíamos o Estado cativo à Igreja, não podíamos admitir a Igreja cativa ao Estado.

Foi sob esse pensamento que adotamos a Constituição de 1891. Tínhamos, então, os olhos fitos nos Estados Unidos; e o que os Estados Unidos nos mostravam, era a liberdade religiosa, não a liberdade materialista. Naquele país a incredulidade possui também o seu grupo, que advoga a tributação dos cultos, a supressão dos capelães, a abolição de todos os serviços religiosos custeados pelo Tesoiro[95], a extinção do juramento, a substituição, nas leis, da moral cristã pela moral natural. Mas esse programa, formulado ali há trinta anos, definha enquistado na seita que o concebeu. "Nós somos um povo cristão", diz o juiz Kent, um dos patriarcas da jurisprudência americana, "e a nossa moralidade política está profundamente enxertada no cristianismo".

Esse fato precedeu à Constituição, ali e aqui. Aqui, como ali, esse fato subsiste sob a Constituição. Ela o não podia destruir, porque, lá e cá, era, nas duas nações, a grande realidade espiritual. Na república norte-americana, a superfície moral do país estava mais ou menos igualmente dividida entre uma variedade notável de confissões religiosas. No Brasil, o catolicismo era a religião geral; o protestantismo, o deísmo, o positivismo, o ateísmo, exceções circunscritas. De modo que, enquanto nos Estados Unidos a igualdade religiosa constituía uma necessidade sentida, mais ou menos, no mesmo grau, por todas as comunhões, entre nós ela representava tão-somente aspirações da minoria. A liberdade de cultos veio satisfazer, em boa justiça, à condição opressiva dessas dissidências maltratadas pela exclusão oficial, mas não invertê-la contra a consciência da maioria. Se, nos Estados Unidos, avultava no maior relevo "o fato de que o cristianismo era, e sempre foi, a religião popular" (são palavras de um magistrado americano), no Brasil esse fato não tinha vulto menos proeminente.

As Constituições não se adotam para tiranizar, mas para escudar

[95] Tesoiro. — V. nota 9.

a consciência dos povos. "A nossa Constituição", diz um escritor americano, que tratou *ex professo*[96] o assunto[97],

> a nossa Constituição não criou a nação, nem a religião nacional. Achou-as preexistentes, e estabeleceu-se com o intuito de as proteger sob uma forma republicana de governo.

Ora, a condição de nós outros é idêntica, por este lado, à dos Estados Unidos. Antes da República existia o Brasil; e o Brasil nasceu cristão, cresceu cristão, cristão continua a ser até hoje. Logo, se a República veio organizar o Brasil, e não esmagá-lo, a fórmula da liberdade constitucional, na República, necessariamente há de ser uma fórmula cristã. As instituições de 1891 não se destinaram a matar o espírito religioso, mas a depurá-lo, emancipando a religião do jugo oficial. Como aos americanos, pois, nos assiste a nós[98] o jus de considerar o princípio cristão como elemento essencial e fundamental do direito brasileiro. Nesta verdade se encerram todas as garantias da liberdade e todas as necessidades da fé.

Adotando este *regímen*[99], escolhemos surgidoiro[100], onde nos abrigássemos dos temporais, que, na Europa, com escândalo das almas e ruína dos Estados, convulsam o mundo político e o mundo espiritual. Onde se conceberia, nos Estados Unidos, a enormidade monstruosa de medidas como essas, que entristecem e dividem a grande e agitada França, renovando as antigas proscrições revolucionárias? Quem se atreveria a propor, nos Estados Unidos, que se retirasse às congregações religiosas o direito de ensinar!

---

[96] "Ex professo". — Expressão latina: com a autoridade de quem conhece a fundo alguma questão.

[97] Tratou... o assunto. — Regência menos usual do verbo tratar com a significação de "discorrer acerca de".

[98] Nos assiste a nós. — O termo "a nós" funciona, por amor da ênfase, como aposto pleonástico do objeto indireto "nos". — O verbo "assistir" quer dizer, aí, competir, caber (direito, ou razão, a alguém).

[99] Regímen. — V. nota 21.

[100] Surgidoiro. — V. nota 9.

Do clero francês, proscrito nos fins do século XVIII pela Revolução, se destacaram os primeiros missionários da fé na América do Norte. "As pedras da Igreja de França em ruínas serviram para edificar a Igreja dos Estados Unidos."

Os jesuítas, expulsos do território francês pelas comoções do Terror, foram constituir na terra de Washington o núcleo inicial do clero romano. A esses padres, com os franciscanos, cabe a honra de terem sido os primeiros apóstolos da América Septentrional. O mais antigo dos textos que ali consagram a liberdade dos cultos, data de 1649, na legislação católica do Maryland[101], estabelecido em 1632 por uma colônia de católicos ingleses, sob a direção espiritual de dois jesuítas. Eles haviam entrado nos primitivos lares da nação americana, levando consigo a liberdade, que o protestantismo ainda não conhecia. O primeiro prelado americano foi um filho proscrito de Santo Inácio, o Arcebispo Carroll, que, organizando o catolicismo americano, reservou à sua ordem a educação da mocidade. Abolida então na catolicidade inteira, a Companhia dos descendentes de Loiola se reconstituía, em 1806, às margens do Potomac, onde, ainda há poucos anos, inaugurou, perto do Capitólio, o Colégio de Georgetown, irmão norte-americano do Colégio Anchieta. E, enquanto a religião de São Francisco ali conta não menos de 44 mosteiros, a Sociedade de Jesus, que no começo do século XIX tinha, nos Estados Unidos, escassamente quatro ou seis membros, hoje, derramada por todo o país, numera[102] cerca de 1400, quase todos americanos.

De maneira que perto de um décimo da totalidade dessa milícia espiritual, espantalho dos chamados *espíritos fortes* nas monarquias iliberais do outro[103] e nas adulterinas repúblicas deste Continente, se aglomera atualmente no país de Guilherme Penn e Benjamin Franklin. A liberdade americana, bem longe de se assustar, os[104] agasalha. Nem o protestantismo, nem o liberalismo, por lá, se

---

[101] Do Maryland. — V. nota 78.

[102] Numera: conta, alcança o número de.

[103] Outro [continente].

[104] Os agasalha. — Ao escrever este "os", tinha Rui em mente os membros daquela "milícia espiritual" de que ele falara pouco antes. O sentido coletivo de milícia favoreceu o emprego do pronome oblíquo no plural. Caso de sintaxe ideológica.

arreceiam do progresso católico, adiantado a passos gigantescos. Em 1784 mal registrava ali a Igreja Romana 45000 almas; em 1890 pastoreava nove milhões de fiéis. Em New York, o Estado mais refratário à liberdade religiosa, aquele onde, ainda em 1806, os católicos incorriam em incapacidade política, o sufrágio católico domina, presentemente, os comícios populares, e a caridade católica dispõe de um patrimônio colossal. Em Boston, a velha cidade *quaker*[105], no coração da antiga intolerância puritana, católica é metade da população, e os padres católicos penetram nos hospitais e nas prisões do Estado. A Igreja Católica, dividida, no território americano, em oito mil paróquias, custeava ali, vai já por catorze anos, cerca de três mil e duzentas escolas. Escritores americanos confessam que

> ela exerce uma ação muito mais ampla e poderosa que as outras comunhões, e que com a força por ela desenvolvida só rivaliza a do Governo.

Todas as ordens e congregações instituídas na Europa florescem à maravilha no território da União. Tamanha é a autoridade do clero, que, chamado, há quinze anos, a inaugurar, ante o Presidente Harrison, o edifício da exposição de New York, o arcebispo dessa diocese qualificava de "intolerável a imoralidade dos políticos atuais", estigmatizava as promoções e honras tributadas "aos corruptores do escrutínio", e dizia que Washington, apesar do seu gênio de estadista e capitão,

> não alcançaria, hoje, provavelmente, fazer-se eleger à presidência do Congresso, ou a qualquer outra função dependente da máquina eleitoral.

Cuidais que, tomando essas liberdades em presença do chefe da nação, viesse aquele bispo a curtir censuras e afrontas, como em

---

[105] "Quaker". — Palavra inglesa (de "to quake", tremer) , Alusão a uma seita religiosa protestante, fundada no século XVII na Inglaterra e difundida principalmente na Escócia e nos Estados Unidos. (O nome se deve ao fato de seu fundador, George Fox, ao ser julgado por dissidência, haver pedido ao Tribunal que "tremesse" diante de Deus).

outros países lhe houvera de suceder? Bem ao contrário, o que lhe coube, foi um sinal imediato de apreço do Presidente Harrison, que, ao regressar da solenidade, honrou com o chamado a um cargo federal o irmão do severo prelado.

E quereis ver como o mesmo protestantismo encara essa expansão da Igreja Romana? Nas festas comemorativas da independência americana, em S. Francisco, há dezessete anos, um pastor protestante, recordando, na sua prédica, posterior à missa pontifical, que a fundação da Califórnia tinha sido, "um cometimento religioso, obra do catolicismo", disse:

> Sim, como protestante me empenho em consignar que exulto com o vigor e prosperidade da Igreja Católica. Predizendo que, dentro em[106] cem anos, ela será mais poderosa que nunca, é o meu coração que dita as minhas palavras. Quando nela considero a mãe de toda a civilização moderna e a matriz de todas as instituições livres, humildemente imploro ao Soberano Senhor lhe permita colher, neste país de homens livres, as mais copiosas e opulentas messes.

Assim se desvaneceram as desconfianças recíprocas e os mútuos ressentimentos entre a religião e a liberdade. O espírito católico adquiriu, nessa atmosfera, a transparência, a pureza, a dilatação fina, leve e saudável do ambiente nas grandes altitudes tranqüilas e sobranceiras. A experiência generosa e leal da igualdade religiosa incutiu, a um tempo, nos entusiastas do progresso e nos devotos da tradição, o mais profundo amor da liberdade[107] e o sentimento mais vivo da necessidade de sua aliança com o culto de Deus. De sorte que, enquanto protestantes rejubilam com a difusão da vida cristã na pujança do catolicismo, como acabais de ouvir, eminências, das mais elevadas na Igreja Romana dão aos ímpios, com um desinteresse e uma sublimidade apostolares, lições divinas de respeito à consciência humana. É o que ides ver em um caso notável. Tendo-se aberto, há anos, em Baltimore, uma escola dominical anticristã, vários membros do clero protestante instaram com a autoridade

[106] Dentro em. — V. nota 26.

[107] Amor da liberdade. — V. nota 10.

local pela supressão dessa cadeira de infidelidade. E quem se havia de interpor, contraditando semelhante medida? A mais alta dignidade católica nos Estados Unidos, o Cardeal Gibbons, cuja eloqüente defesa do direito na pessoa dos hereges merece perpetuada[108] em letras indeléveis. "Sem examinar", escreveu ele,

> que direito assiste às autoridades civis de se ingerirem no assunto, não me parece que a esta disposição anti-religiosa haja remédio nos meios repressivos. A coação não converte o homem: voluntariamente é que ele há de render a cidadela de sua alma. Outra coisa não faz a coerção que recolher o veneno ao interior do corpo social, onde vai fermentar em secreto. Nosso Divino Salvador nunca invocou a espada em socorro de sua doutrina.

Dirão, talvez, que fácil é louvar os atenienses em Atenas, e ser, na América, americano. Mas este não era o caso desse príncipe da Igreja; porque, chamado à Santa Sé, para receber o capelo, o Cardeal Gibbons proferiu, em Roma, do alto do púlpito, a mais grandiosa apologia da Constituição americana, magnificando triunfalmente as vantagens colhidas pelo catolicismo, naquela República, da liberdade dos cultos e da separação entre a Igreja e o Estado. Não diferia então a sua linguagem, ante o Sumo Pontífice, da que o célebre prelado americano falou em Filadélfia na comemoração do centenário constitucional:

> A Constituição dos Estados Unidos merece insculpida[109] em caracteres de oiro[110]. Essa carta assegura a liberdade a sessenta milhões de homens, e perpetuará, no porvir, sob a mão da Providência, a felicidade temporal de inumeráveis milhões de criaturas.

Faz catorze anos que se solenizava em Baltimore o centenário da inauguração do episcopado católico na Federação norte-ameri-

---

[108] Merece perpetuada: merece ser perpetuada. — Elipse do auxiliar "ser", praticada abundantemente pelos clássicos e alguma vez por escritores de nosso tempo.

[109] Merece insculpida. — V. nota 108.

[110] Oiro. — V. nota 9.

cana. Nunca o progresso e a liberdade escutaram ovações mais festivas, hinos mais jubilosos. Nunca o Supremo Benfeitor do gênero humano se viu mais ardentemente louvado no contentamento das suas criaturas. "Amemos", dizia, entre essas galas do culto, no ofício da tarde, o Arcebispo de S. Paulo[111],

> amemos o nosso século e aparelhemos o que se avizinha. Amemos ao nosso século[112] como a quadra assinada por Deus ao nosso labor. Saibamo-lhe discernir as tendências através das agitações. Aspira ele à luz, à liberdade, à fraternidade entre os homens. Quando, caminho do seu objeto, aconteceu que se desgarrasse, a Igreja lhe condenou os transvios. Mas à Igreja incumbe também dar-lhe a mão, porque[113] ele venha a preencher o seu destino. Acorra ela ao encontro do povo, ensine ao capital os seus deveres para com o trabalho. Proporcione satisfação legítima aos sentimentos populares. Por fazer lhe resta maior jornada que a já feita: mais alma, ainda lhe estão por colher do que as já colhidas. Ainda não se acha com ela a maioria. Coube ao século dezenove a tarefa de implantar a Igreja Católica nos Estados Unidos; o vigésimo século terá em sorte[114] fazer católico o povo dos Estados Unidos. Avante a Igreja. Avante católicos. *Go ahead*[115].

Esses acentos preludiaram a[116] uma imensa assembléia leiga, cujas sessões expuseram a flor da catolicidade americana, reunida por aquele sopro que transpõe montanhas, das raias do Canadá às

---

[111] S. Paulo: forma vernácula de "Saint Paul", cidade dos EUA. Seu Arcebispo, John Ireland (1838-1918), irlandês de nascimento mas teólogo de formação norte-americana, preconizou a conciliação das doutrinas da Igreja com as tendências liberais do século.

[112] Amemos ao nosso século. — Objeto direto regido (facultativamente) de preposição. Na linha anterior, escrevera Rui: "amemos o nosso século". Ambas as construções têm o mesmo quilate vernáculo.

[113] Porque: para que. — V. nota 70.

[114] Terá em sorte: terá por destino, por fadário.

[115] "Go ahead". — Expressão coloquial da língua inglesa: "Vá em frente."

[116] Preludiaram a uma imensa assembléia. — Regência incomum do verbo 'preludiar', habitualmente construído sem preposição.

do México, das praias de um às de outro oceano. E, quando aquele congresso acabou, deixando nos ânimos a impressão da sua inaudita majestade, um órgão protestante, da mais alta consideração naquela terra, o *New York Herald*, não se teve[117] que não exclamasse, assombrado:

> Se os deputados ao congresso de Baltimore constituem a representação exata da sua comunhão, se este escol deixa após si um povo, que se lhe assemelhe, sentido! católico será em meio século todo este país.

Não me atreverei a dizer que esse prognóstico otimista não exagere, bem que[118] assaz para notar seja o espontâneo acordo entre o zelo da apreciação católica e o espanto do testemunho protestante. Certo é, porém, que não podia ter mais estrondoso desmentido a noção vulgar de que o catolicismo é um culto decadente e uma religião esterilizadora.

O protestantismo não contará, talvez, em parte nenhuma, um clero capaz de competir com o clero protestante nos Estados Unidos. O hino triunfal de Webster, no seu famoso discurso do processo Girard, ao sacerdócio americano, ainda não desmereceu em atualidade. Ele continua a culminar ali acima das letras, acima da política, acima da magistratura, como a grande cadeia moral, cujas sumidades reverberam à terra claridade do céu. E é com essas alturas que se apostou[119] o clero católico, é com elas que se mede, alargando todo o dia[120] a sua base, elevando todo o dia os seus topos, como se a incandescência de um grande trabalho interior, no seio obscuro das almas, se aparelhasse a transformar ali a superfície do mundo espiritual.

Ei-lo, eis aí o ideal no seu resplendor meridiano. Graças a ele, não se converte em putrefação destruidora a seiva desse industrialis-

---

[117] Não se teve: não se conteve, não se refreou.

[118] Bem que: se bem que. — Conjunção concessiva.

[119] Se apostou: porfiou, empenhou-se em rivalizar.

[120] Todo o dia. — Aí, o mesmo que "todo dia". — V. nota 18.

mo que fermenta em produtos venenosos e espúrios na sociedade americana, como o húmus, fundamente saturado em detritos orgânicos, do Nilo ou do Amazonas. Vós, meus caros amiguinhos, a quem tocará, espero, formar o porvir brasileiro, quando eu já durma, sob as preces de meus filhos, no túmulo de meus pais, à sombra da sua religião, não deis as costas ao Norte. Lá está o salvamento. Essas instituições todas, que pretendemos trasladar a esta terra, são a letra morta, à espera da vida, o envoltório material à espera da alma, a máquina à espera do homem. O homem é o espírito fecundado na íntima fusão da liberdade com a fé. O contágio francês há de sitiar-nos, para nos envolver no seu torvelinho funesto. Lembrai-vos então de mim, se eu ainda for lembrado, e resisti. Porque eu contribuí para esta Constituição mais do que esses. Quando vos falarem nas restrições, nas supressões, nas proscrições, atentai devagar nessa França, que em espasmos periódicos as abraça, e nunca experimentou a tranqüilidade; nesses Estados Unidos, que nunca as conheceram, e prosperam em uma grandeza cuja enormidade parece abrir exceção às leis naturais, e, por derradeiro, em nós mesmos, no nosso próprio passado.

Duas vezes, quando menos, entre nós, o braço secular[121] provou forças contra as crenças da nação: uma nos tempos coloniais, outra nos tempos imperiais. Da última, a coroa brasileira sentou o episcopado brasileiro no banco dos réus, sem outro fruto que a mortificação das almas, e, afinal, a capitulação do regalismo. Da primeira, foi o golpe do Marquês de Pombal. E onde pararam os seus efeitos no Brasil? Diga a eloqüência poderosa de Eduardo Prado, na sua bela conferência acerca da Companhia de Jesus e a colonização brasileira:

> Com a expulsão dos jesuítas, no século passado, a civilização recuou centenas de léguas dos centros do Continente africano e do Brasil. As prósperas povoações do Paraná e do Rio Grande caíram em ruínas; os índios volveram à vida selvagem; as aldeias do Amazonas despovoaram-se, e, até hoje, reinam a solidão e o deserto, onde havia já a sociabilidade humana. Em

[121] Secular — Relativo ao poder do Estado, à vida leiga. (Opõe-se a religioso, eclesiástico, monacal).

> nossos dias as bandeiras de Inglaterra, da Alemanha, da Bélgica, ou da França tremulam, em África, sobre as ruínas de edificações religiosas, em um solo que seria português, se não tivessem sido largadas ao abandono e votadas ao esquecimento aquelas terras, onde, pelos missionários, dominava Portugal.

Não há um só desses excessos da intolerância, que não afligisse, empobrecesse e barbarizasse, que não enxovalhasse, desnaturasse e arruinasse as nações, a quem a razão de Estado os haja imposto, sob os despotismos antigos ou modernos. Que diferença existirá, moralmente e socialmente, entre o despotismo de um monarca lusitano[122] proscrevendo os judeus e o despotismo de um ministro português[123] banindo os jesuítas? Que diferença entre o absolutismo da coroa de França perseguindo os huguenotes e o absolutismo da República Francesa expelindo as congregações religiosas? O pretexto é sempre o dever religioso, o dever político, ou o dever liberal. O resultado, o aniquilamento da liberdade, a entronização da força, o martírio da consciência cristã.

Felizmente, nos achamos pelo nosso direito fora da região, desses ciclones. Mas bem frágil barreira são as Constituições, quando os povos não firmam debaixo delas o seu teto.

O povo brasileiro está, por ora, ausente da nossa[124]. Ainda não assentou ali morada. Se conseguirmos que o faça, há de ser por obra das gerações novas, cujos representantes sois. Mas essas mais não farão que acelerar o curso da nossa decadência, descer apressadamente o íngreme declive, se não[125] se retemperarem nas fontes perenes do verbo cristão. Todos os mandamentos se encerram naquele que subordina o amor dos homens ao amor de Deus.

---

[122] Monarca lusitano: D. Manuel I (1469-1521), o rei da época dos Descobrimentos.

[123] Ministro português: Sebastião José de Carvalho e Melo (1699-1782), Marquês de Pombal.

[124] Nossa [Constituição].

[125] Se não: caso não. — Em dois vocábulos, uma vez que aí se dá o encontro casual da conjunção ‘se’ e a partícula negativa ‘não’, subordinada ao verbo ‘retemperar-se’. (Cf. sendo nas notas 49, 132, 133 e 137).

Ora, o amor de Deus[126] impõe às nações o dever de não corarem da sua fé, e nela se reconstituírem; que outro meio não há de se reabilitarem nos costumes e se consolidarem na liberdade.

Não é a soberania do povo o[127] que salva as repúblicas. Não são as urnas eleitorais que melhoram os governos. Não, é a liberdade política[128] que engrandece as nações. A soberania do povo constitui apenas uma força, a grande força moderna, entre as nações embebidas na justa aspiração de se regerem a si mesmas. Mas essa força popular há mister dirigida[129] por uma alta moralidade social. As eleições mudam os governos, mas não os reformam. As liberdades políticas não têm por objeto satisfazer a vaidade dos cidadãos, entregando-lhes em frações dispersas o cetro do poder. O verdadeiro destino dessas liberdades está em revestirem e abroquelarem as liberdades civis, isto é, os direitos da consciência, da família e da propriedade. Essas três categorias de direitos ancoram na palavra divina, a saber, na divina constituição do homem. Mas só os povos religiosos os têm definido e praticado seriamente, ao menos no que respeita à consciência e à família. Só entre eles o santuário é inviolável. Só entre eles a mulher não pára[130] em débil instrumento do outro sexo. Só entre eles a liberdade de testar consagra a autoridade paterna, depura o amor filial e oferece ao trabalho estímulos incomparáveis. Só entre eles[131], pelo direito de reunião e pelo direito de associação, consubstanciados na vida cotidiana, se pratica em escala realmente benfazeja a grande caridade, e as classes possuidoras se misturam, pela beneficência mais profusa, às classes laboriosas. Eis os elementos fundamentais do Estado cristão. A Inglaterra e os Estados Unidos são os seus dois grandes tipos e os seus dois soberbos resultados.

---

[126] O amor de Deus. — V. nota 10.

[127] O que salva as repúblicas. — V. nota 48.

[128] O que engrandece as nações. — V. nota 48.

[129] Há mister dirigida: há mister ser dirigida. — V. nota 108.

[130] Não pára: não consiste unicamente.

[131] Só entre eles... Só entre eles, etc. — O trecho exemplifica um dos mais queridos recursos retóricos de Rui: a anáfora, ou seja, repetição de termos no início de orações sucessivas.

As formas políticas são vãs, sem o homem que as anima. É o vigor individual que faz as nações robustas. Mas o indivíduo não pode ter essa fibra, esse equilíbrio, essa energia, que compõem os fortes, senão[132] pela consciência do seu destino moral, associada ao respeito desse destino nos seus semelhantes. Ora, eu não conheço nada capaz de produzir na criatura humana em geral esse estado interior, senão[133] o influxo religioso. Nem o ateísmo reflexivo dos filósofos, nem o inconsciente ateísmo dos indiferentes são compatíveis com as qualidades de ação, resistência e disciplina essenciais aos povos livres. Os descrentes, em geral, são fracos e pessimistas, resignados ou rebeldes, agitados ou agitadores. Mas ainda não basta crer: é preciso crer definida e ativamente em Deus, isto é, confessá-lo com firmeza, e praticá-lo com perseverança.

Vão-se-vos abrir as portas das Faculdades, e por elas ides entrar a um plano mais conspícuo do mundo. Até hoje vos desenvolveu, no retiro destas paredes, o desvelo contínuo dos vossos educadores. Agora começa para vós a notoriedade, o tablado, a praça. Aí vos espera a ciência convencional de ignorantes e doutos. Aos seus olhos sereis, por algum tempo, objeto de curiosidade. Quererão avaliar até onde calou realmente em vós a penetração do sentimento religioso, pesar a sinceridade dos vossos hábitos cristãos, calcular-lhes a estabilidade contra as reações do meio que ides habitar. Naturalmente hão de acabar conjecturando que a obra delicada e custosa da vossa educação cristã não tardará em se fundir nesse desprezo ambiente dos deveres supremos que nos caracteriza. Nos cursos superiores, ao subir-lhes de ano em ano os graus sucessivos, raro ouvireis palavras crentes. Muitos sorrirão da vossa ingenuidade escolar. Alguns vos emprazarão para uma breve e cabal mudança ao contato da realidade gasta e desabusada. Outros, enfim, assaltarão sem reservas a puerilidade inocente das vossas crenças juvenis, bebidas, segundo eles, no regaço de um ensino anacrônico e de uma educação servil.

Desses inimigos, meus caros filhos, é que vos haveis de precatar, envidando essa fortaleza do coração, essa tranqüila superioridade do ânimo, com que as influências terrenas vos não podem valer.

[132] Senão. — V. nota 49. (Cf. 'se não', nota 125).

[133] Senão. — V. nota 49.

Oponde ao desdém e às zombarias o exame calmo da superficialidade dos zombeteiros e ridores. Notai que a sua vantagem consiste quase sempre no hábito de mofar e na facilidade, adquirida comodamente com a preguiça intelectual, de resolverem mediante fórmulas estereotipadas, frases de convenção e ocos rufos de saber, os formidáveis enigmas humanos. Não vos pejeis de arrostar essas investidas. Proclamai contra elas o nome d'Aquele que habita as nossas consciências, as saneia, e as eleva acima da vasa mortal. Não temais o ridículo, que os maiores gênios antigos e os maiores gênios modernos não temeram. Bem poucos são, desses alcantis da inteligência humana, os que se inscrevem com a negação formal da divindade. O antigo Aristóteles a confessava; não ousa negá-lo o moderno: remove-a para esse incognoscível, em que a filosofia contemporânea traduz a sua involuntária homenagem aos direitos da fé.

Em um livro cheio de notas pessimistas e sublimes belezas espirituais, o *Diário* de Amiel[134] dei outro dia com esta página:

> Só há uma coisa necessária: possuir a Deus[135]. Todos os sentidos, todas as forças da alma e do espírito, todos os recursos exteriores são outras tantas abertas para a divindade: outras tantas maneiras de sentir e adorar a Deus[136]. Saibamo-nos desatar de tudo quanto se pode perder, não nos ligando absolutamente senão[137] ao eterno ao absoluto, e saboreando o demais como simples usufruto e mero empréstimo. Adorar, compreender, receber, sentir, dar, obrar: eis a tua lei, o teu dever, a tua felicidade, o teu céu. Aconteça o que acontecer, ainda que seja a morte. Põe-te de acordo contigo mesmo, vive em presença de Deus, na comunhão dele, e deixa guiar tua existência pelas forças gerais, contra as quais nada podes. Se te der folga a morte, tanto melhor. Se te levar, melhor ainda. Se te matar a meio, tanto melhor sempre: ela te cerra a carreira da fortuna[138], por te

---

[134] Henri Frédéric Amiel (1821-1881), escritor suíço de língua francesa. Sua obra, póstuma, intitula-se *Journal Intime* ("Diário Íntimo"), dramático documento de inquietação psicológica.

[135] Possuir a Deus. — V. nota 38.

[136] Adorar a Deus. — V. nota 38.

[137] Senão. — V. nota 49.

[138] Fortuna: destino.

> abrir a do heroísmo, a da resignação, a da grandeza moral. Toda vida[139] tem a sua grandeza, e, como te é impossível sair de Deus, o melhor será nele elegerdes cientemente domicílio.

Não se creia que essa atitude vos indisponha ou enfraqueça para a ciência. Não: antes vos cingirá melhor os rins[140] para os grandes estudos da realidade, iluminando-a do alto com esse clarão sereno, a que a ciência sobressai livre e magnífica na imensidade dos seus triunfos. Seria eu quem negasse as maravilhas da inteligência humana, suas conquistas prodigiosas no campo da observação direta das coisas, as estupendas amplidões do seu horizonte? Seria eu quem desmerecesse nos portentos dessa incomensurável sabedoria e no fabuloso alcance dos seus instrumentos, pelos quais passa a distância dos astros, a órbita, a composição, o peso das estrelas, a temperatura do Sol e a dos espaços interplanetários, a mensuração do curso da luz nos raios estelares? Não saberei eu que ela descobriu no infinitamente pequeno um mundo novo, não menos estranho e poderoso que o do infinitamente grande, e que extraiu da fisiologia das células vivas a teoria da velhice e da morte?

Mas, depois de nos traçar tão admiravelmente nas raias do corpo humano essa dupla missão, preservadora e destruidora, das células vorazes, com uma precisão a cuja certeza não se subtrai nem o mínimo papel dos cromófagos nos fios de cabelo que encanecem, não vai muito além a ciência nas suas promessas. Que nos entremostram elas? A cirurgia futura adoçará ou diminuirá, talvez, as nossas enfermidades, desembaraçando-nos de vísceras inúteis e perigosas. A fisiologia e a higiene combinadas lograrão melhorar, talvez, as condições da velhice. Crescerá, porventura, a longevidade humana. Eis aí. A ciência não entrevê mais, nem se

---

[139] Toda vida: qualquer vida, todas as vidas. — V. nota 18.

[140] Vos cingirá melhor os rins: vos preparará melhor, vos fortalecerá o ânimo. — A expressão, pertencente à linguagem bíblica (Êxodo, 12.11), prende-se ao episódio da preparação dos israelitas para a cerimônia pascal, realizada à pressa antes de sua saída do cativeiro no Egito, em longa e penosa marcha. "Cingir os rins" veio a significar, metaforicamente, "preparar-se de espírito para enfrentar dificuldades".

obriga a mais; porque[141] a ciência não impostura. Ora bem. Terá ela, deste modo, satisfeito a consciência humana? Adoecer um pouco menos, viver um pouco mais — será esse o *desideratum*[142], que absorve as preocupações eternas da nossa espécie? E notai: apontando em nosso organismo elementos, que classifica de imortais, anunciando a imortalidade fisiológica das células reprodutoras, e admitindo a imortalidade material em animais inferiores, não concorrerá ela mesma para alentar em nós o sentimento dessa outra imortalidade, superior e invisível, cujos vestígios se vão encontrando, sempre vivos, por toda a história da humanidade?

Grande é a ciência, bem o creio; é a maior de todas as grandezas; mas abaixo *da outra*: a divina, que lhe há de sobrepairar eternamente. Deixem-me clamar assim, ao menos aqui, neste suave abrigo do espírito, a minha convicção, último fruto que me estende sazonado a árvore da vida: não sei conceber o homem sem Deus, e ainda menos acreditar na possibilidade, atual, ou vindoira[143], de uma nação civilizada e atéia. Envelhecerei na persuasão do velho Plutarco, imaginando menos a custo uma fortaleza sem alicerces que um povo sem Deus. Milhares de anos resvalaram por sobre esta verdade, milhares hão de resvalar, sem que ela desmaie.

Não alcanço *o ponto de vista de Sírius*[144]. Mas no ponto de vista da humana razão, ao menos até onde ela coincide com a minha, Deus é a necessidade das necessidades, Deus é a chave inevitável do Universo, Deus é a incógnita dos grandes problemas insolúveis, Deus é a harmonia entre as desarmonias da criação. Incessantemente passam, e hão de passar no vórtice dos tempos, as idéias, os sistemas, as escolas, as filosofias, os governos, as raças, as civilizações; mas a intuição de Deus não cessa, não cessará de esplender, através do

---

141 Porque. — V. nota 30.

142 "Desideratum". — Palavra latina (já aportuguesada em desiderato): aquilo que se deseja, a que se aspira.

143 Vindoira. — V. nota 9.

144 O ponto de vista de Sírius: posição de quem pode entender as coisas com superior clarividência. (Sírios é a estrela mais brilhante do firmamento). — Rui contrapõe, em formosa imagem, "o ponto de vista de Sirius" ao "ponto de vista da humana razão", a qual, possuindo embora a intuição de Deus, se mostra impotente para explicar-lhe o eterno mistério.

eterno mistério, no fundo invisível do pensamento, como o mais remoto dos astros nas profundezas obscuras do éter. A realidade suprema, de onde nos cai perenemente esse raio de luz, é inextinguível. Mas de tão longe nos vem ele na imensidade do existir, que, ainda quando momentaneamente lhe pudéssemos supor apagado o foco remotíssimo, primeiro pereceria a humanidade que deixasse de ver aceso na estrema do horizonte esse ponto luminoso.

Deus, que fizestes estas montanhas, o globo que as agüenta, esses mundos que nos cercam, esses céus que nos envolvem; que esparzis as estrelas do firmamento e as flores da terra; que resplandeceis na santidade dos justos, e trovejais na consciência dos maus; que semeais na inocência das crianças, e colheis na experiência dos velhos, derramai a vossa misericórdia sobre esta casa, sobre aqueles que a povoam no trabalho, sobre este enxame de esperanças que aqui, continuamente, se renovam, sobre essa vergôntea pequenina de minha alma[145], que aqui fica entregue aos vossos apóstolos, mas ainda mais sobre os que hoje os deixam, galardoados com os primeiros graus do saber, para se afrontar com outras lidas. Vós, que tendes nas mãos a força, a vida e a bondade, medrai-os na bondade, na vida e na força[146]. Incuti-lhes nos corações as virtudes que formam o homem e as virtudes que criam os povos. Retende-os na fidelidade à vossa crença e aos vossos mandamentos, à inspirada palavra de seus mestres e aos bons exemplos de seus pais. Pondelhes n'alma, com o amor da justiça e da liberdade, o sentimento da tradição e do respeito, o instinto da disciplina e da ordem. Misturailhes com a ternura pelos filhos a memória dos antepassados, esse gênero de gratidão, imarcescível no seio das nações robustas. Dailhes, no perigo das lutas e na amargura dos sofrimentos, o Heroísmo da coragem, o heroísmo da resignação, o heroísmo da humildade, o heroísmo do reconhecimento aos vossos benefícios entre as calami-

---

[145] Essa vergôntea pequenina de minha alma. — Refere-se o orador ao seu filho João, aluno, à época, do Colégio Anchieta. (V. foto no ante-rosto desta edição).

[146] Este período encerra uma das características mais salientes do ritmo oratório da prosa de Rui: a disposição simétrica de séries melódicas, com inversão da ordem dos termos que as compõem.

dades que os escurecem aos olhos da fraqueza humana. Ungi-os no espírito de verdade, para amarem o estudo, no espírito de regeneração, para detestarem o abuso, no espírito de obediência, para guardarem a lei, no espírito de solidariedade, para se associarem pelo bem, no espírito de resistência, para contrastarem a opressão. Ouvi-nos, Senhor, na vossa infinita generosidade, cujos tesoiros[147] não diminuem, por mais que se despendam em maravilhas com a criação; em liberalidades com as criaturas. Para que estas se venham a multiplicar em descendentes, que os sigam no vosso caminho, e mais uma geração e outras e outras passem, contemplando, abençoando e servindo o Criador benfazejo de todas as coisas.

[147] Tesoiros. — V. nota 9.

dades que se esquecem dos olhos da fraqueza humana. Ligai-os no espírito da verdade, para amarem o estudo [illegible] espírito [illegible] [illegible] [illegible] obediência, para [illegible] [illegible] fidelidade, [illegible] [illegible] [illegible] [illegible] [illegible] espírito de [illegible] [illegible] [illegible] [illegible] [illegible] [illegible] generosidade [illegible] [illegible] não diminuem, por mais que se [illegible] [illegible] [illegible] [illegible] [illegible] [illegible] [illegible] [illegible] mais uma estação e outra, e outras mais [illegible] [illegible] gando e servindo [illegible] maior beleza [illegible] [illegible] [illegible]

Rui Barbosa, da oratória ao grande público

JEAN PIERRE CHAUVIN[1]

Por muitas vezes associou-se o nome de Rui Caetano Barbosa de Oliveira (1849-1923) ao de uma figura mítica, quase lendária. O homem notável em vida foi alçado à condição de gênio intocável *pos mortem*, dono de imensa erudição, implacável oratória e vernáculo irrepreensível.

São qualificações parcialmente justas que, no entanto, parecem diluir ou esquecer o componente humano contido em sua faceta mais humilde, em meio à contribuição em diversas áreas para além do direito, a política e o jornalismo.

Nascido em Salvador (BA), Rui Barbosa iniciou os estudos de direito no Recife (PE), em 1866, e completou-os em São Paulo, onde foi colega de Castro Alves e Joaquim Nabuco. Formado advogado, passa a atuar mais intensamente na política e na imprensa,

[1] Doutor em Teoria Literária e Literatura Comparada, pela USP. Autor de *O Alienista: a teoria dos contrastes em Machado de Assis*, São Paulo, Reis Editorial, 2005.

sobretudo após se transferir para o Rio de Janeiro, na década de 1870.

Na capital federal, onde viveu a maior parte de sua vida, o jurista passou gradativamente para o terreno da política — sua grande paixão —, colecionando amizades influentes e bastante duradouras. Dentre elas, a de políticos, como Quintino Bocaiúva e Joaquim Nabuco e homens de nossas letras, especialmente Machado de Assis, patrono da ABL.

Leitor voraz e minucioso anotador de livros das mais diversas áreas de interesse, desde cedo o futuro senador liberal e ministro da fazenda demonstrou um firme posicionamento a respeito de assuntos espinhosos de seu tempo, contrário que era à monarquia e à manutenção da escravidão, e favorável à democratização do país. Suas convicções também frutificaram, em grande parte, graças aos sólidos conhecimentos em direito e línguas — sobretudo inglês, francês e alemão —, bem como da literatura brasileira e outros saberes, como por exemplo, o folclore nacional e mesmo a medicina.

Leitor assíduo, escritor incansável. Rui Barbosa deixou uma vastíssima produção bibliográfica, que vem sendo reunida e reeditada desde sua morte. Dela se destacam contribuições para as ciências políticas e admiráveis sínteses de obras literárias, sem que fosse propriamente um crítico da matéria. Dados da Fundação Casa de Rui Barbosa, no Rio de Janeiro, informam que o conjunto de seus escritos já ocupa a impressionante marca de cento e trinta e sete volumes.

Muitos dentre seus numerosos artigos contribuíram para a formulação ou revisão de vários códigos de nossa legislação, como a regulamentação do *habeas corpus*, na época de Floriano Peixoto; a teoria da responsabilidade civil do Estado por atos dos seus funcionários; e é, em boa medida, a base legal da Constituição de 1891.

Considerem-se, ainda, os discursos de teor eminentemente político, bem como as incursões pessoais de rara sensibilidade, como o tocante *Adeus a Machado de Assis*, proferido pelo próprio Rui diante do ataúde de Machado (em 30 de setembro de 1908), e *Oração aos moços*, lida quando paraninfo da turma de direito do Largo São Francisco (1920). Esta sua homenagem aos formandos foi um misto de agradecimento, confissão e aconselhamento para seus eventuais sucessores, permeado pela sensibilidade e sabedoria de um homem prestigiado nacional e mundialmente.

E essas são apenas algumas amostras do inegável apuro estético e verve deste notável articulador de nosso idioma, cujo rigor técnico burilou a partir das muitas leituras e experiências com a língua portuguesa, que amava e defendia como poucos.

Nacionalista ardoroso e combativo, Rui Barbosa se envolveu em questões assaz ruidosas ao longo de sua carreira entre o direito, a política e as letras. O ponto alto de seu envolvimento com as questões de foro público levou-o ao exílio, ao que se viu forçado em razão de desavenças de cunho ideológico com o então presidente Floriano Peixoto.

Nesse período — de 1893 a 1895 —, entre Buenos Aires, Lisboa e Londres, Rui Barbosa produziu notáveis artigos em periódicos, colaborando inclusive para o nosso *Jornal do Comércio*, que naquela época era impresso na Inglaterra. Esses ensaios resultaram no conhecido livro *Cartas da Inglaterra*, publicado anos depois de seu regresso ao Brasil.

Morto o marechal Floriano Peixoto, retorna ao Brasil, acompanhado da família, e retoma sua carreira política, com o aval de boa parte da população. Após a Conferência de Paz em Haia, candidatou-se à Presidência da República, disputando o cargo com o marechal Hermes da Fonseca, em 1909. Em 1919, volta a fazer campanha, sendo derrotado pela ação dos militares pró Epitácio Pessoa. Vencido na esfera federal e desiludido com a incursão no campo político, Rui Barbosa volta-se com renovado afinco aos estudos de língua e literatura, ao final da vida, vindo a falecer em 1923, vitimado por uma série de moléstias.

Os registros dos elementos biográficos de Rui Barbosa — especialmente quando longe da tribuna ou da imprensa —, começaram a circular nos anos de 1940 e têm recebido contribuições notáveis. A despeito de o Autor ter sido visto por muito tempo como mero homem-símbolo do purismo gramatical, seu papel na cultura brasileira não se restringe à bem-sucedida produção de campanhas e textos. O conjunto de sua obra revela que o discurso bem feito constituiu um dos pré-requisitos para aclarar o firme posicionamento político e a defesa dos ideais brasileiros, perante outras nações de maior poder político e financeiro ou pujança econômica.

Profundo conhecedor da legislação de outros países, especialmente a inglesa, a francesa e a estadunidense, Rui Barbosa foi inovador ao falar sobre a legislação brasileira, e persistiu na defesa dos direitos a diversos segmentos profissionais, sem poupar ressalvas aos políticos de seu tempo, fossem eles estrangeiros ou não. É o que evidencia sua célebre participação na já citada Segunda Conferência de Haia, em meados de 1907. Nessa oportunidade, improvisou discurso em resposta à injustificada reprimenda que lhe fizera o segundo-delegado russo, Frederico de Martens. Este afirmara que o evento não seria um fórum de caráter político, devendo abordagens de tal natureza ser "excluídas das deliberações da Comissão". A resposta de Rui Barbosa, nosso embaixador e primeiro-delegado, feita no calor da hora, demonstra o seu profundo conhecimento acerca do direito internacional e da política. O discurso que proferiu revela domínio da língua francesa, além de notável habilidade de orar com extrema lógica e clareza. Esses fatores é que trouxeram o seu reconhecimento pelos demais conferencistas até o final do encontro: Rui Barbosa, "Águia de Haia".

É tempo de renovar a visão sobre Rui Barbosa. Trata-se de nome mais discutido do que lido, mais citado do que conhecido.

Para saber mais

BARBOSA, Rui. *Oração aos moços*, Editora Martin Claret, 2007.

Deuxième Conférence de La Paix – Actes et Discours de M. Rui Barbosa, La Haye, 1907.

MAGALHÃES, Rejane. *Rui Barbosa: Cronologia da Vida e Obra*, Rio de Janeiro, Fundação Casa de Rui Barbosa, 1999.

MANGABEIRA, João. *Rui: o Estadista da República*, Rio de Janeiro, Biblioteca Básica Brasileira, 1999.

MELO, Gladstone Chaves de. *A língua e o estilo de Rui Barbosa*, Rio de Janeiro, Ed. Gladstone Chaves de Melo, 1950.

NOGUEIRA, Rubem. *O advogado Rui Barbosa*, 4ª. Ed, Belo Horizonte, Nova Alvorada, 1996.

_____. *Rui Barbosa: combatente da legalidade*, Rio de Janeiro, Record, 1999.

OCTAVIO, Rodrigo. *Minhas memórias dos outros*, Rio de Janeiro, Civilização Brasileira, 1978/1979, 3 volumes.

PALHA, Américo. *A vida de Rui Barbosa*, Rio de Janeiro, Record, 1965.

Sumário

Discursos no Instituto dos Advogados Brasileiros

Discurso no Colégio Anchieta

159

195 • Complemento de Leitura

MARTIN CLARET

EDITORA MARTIN CLARET
R. Alegrete, 62 - Bairro Sumaré - São Paulo -SP
Cep: 01254-010 - Tel.: (11) 3672-8144 - Fax.: (11) 3673-7146
www.martinclaret.com.br

Nome ____

Série _____ Grau _____ Professor ___________________________

Escola ____

Esclarecimentos:

Este instrumento de trabalho tem por principal objetivo explorar a leitura, trazendo ao leitor a oportunidade de refletir e de confrontar-se com o texto. Ao nos depararmos com uma obra literária, não podemos desconsiderar o universo contextual do autor e o tipo de reprodução que ele realiza. Passado e presente, estilos individuais, de época, conceitos e preconceitos, tudo deve ser confrontado e analisado para entrarmos em contato profundo com uma obra. Por mais que a arte queira sobreviver por si própria, ela se tornará vazia e sem sentido se não trouxer marcas de humanidade.

A Editora Martin Claret tem como lema "pensar é causar", e lhe convida a trilhar os horizontes pedagógicos que aí estão para fazê-lo "ser mais" e "causar" — e isso quer dizer, operar transformações pessoais e sociais.

Sobre o autor e a obra

Como não poderia ser diferente, Rui Barbosa, enquanto advogado é um defensor da liberdade na sua luta contra as injustiças e por um país melhor. Em seus discursos mostra a realidade brasileira, aponta falhas em nossa constituição e revela qual seria o verdadeiro papel do advogado, dos juristas e de todos aqueles que trabalham com leis, seja na sua elaboração, como no seu cumprimento. Por intermédio das palavras do autor, podemos conhecer um pouco sobre a realidade brasileira e compreender lguns de nossos problemas que têm suas raízes muito bem plantadas no passado. Esta é uma excelente oportunidade de reflexão sobre nossa história, os grandes líderes e a origem dos problemas comuns atualmente. Leia mais para ser mais.

Reflexões:

1. Rui Barbosa, em seu discurso, refere-se à Lei Orgânica do Ensino Superior e do Fundamental da República, de autoria de Rivadávia da Cunha Correia, Ministro da Justiça e Negócios Interiores do Governo Hermes da Fonseca e aprovada por decreto presidencial nº 8.659, de 5 de abril de 1911. O que essa lei impunha?

____

____

____

2. Atualmente, o caráter democrático das universidades brasileiras tem sido questionado e muito criticado, principalmente no que diz respeito às universidades públicas em nosso país. Alguns projetos têm despontado para mudar essa realidade. Comente:

a) Que fatores impedem que as universidades brasileiras sejam mais democráticas?

____

____

b) Argumente a questão das cotas em universidades para os alunos oriundos das escolas públicas. Que realidade esse projeto pretende mascarar?

3. Lendo o discurso de Rui Barbosa podemos detectar alguns traços da realidade universitária da época. Identifique-os.

4. Compare a realidade da universidade sobre a qual fala Rui Barbosa com a ideologia que predomina na universidade brasileira atualmente.

5. Durante seu discurso, Rui Barbosa chama atenção dos formandos para sua verdadeira responsabilidade enquanto homens que podem modificar a justiça de um país. Procure sintetizar essas responsabilidades, segundo o autor.

6. Por que razão Rui Barbosa destacou-se na história de nosso país?

7. Procure, por intermédio de uma pesquisa, caracterizar as principais tendências econômicas e políticas do país, na época em que Rui Barbosa proferiu esse discurso.

8. O que faz um jurista?

9. Quais as principais contribuições de Rui Barbosa enquanto jurista?

10. Por que razão Rui Barbosa criticou em seu discurso o fato de nossa Constituição ter sido uma transposição da Constituição norte-americana?

11. Para o jurista, qual a importância da Constituição para uma nação?

Relação dos Volumes Publicados

1. **Dom Casmurro**
Machado de Assis
2. **O Príncipe**
Maquiavel
3. **Mensagem**
Fernando Pessoa
4. **O Lobo do Mar**
Jack London
5. **A Arte da Prudência**
Baltasar Gracián
6. **Iracema / Cinco Minutos**
José de Alencar
7. **Inocência**
Visconde de Taunay
8. **A Mulher de 30 Anos**
Honoré de Balzac
9. **A Moreninha**
Joaquim Manuel de Macedo
10. **A Escrava Isaura**
Bernardo Guimarães
11. **As Viagens - "Il Milione"**
Marco Polo
12. **O Retrato de Dorian Gray**
Oscar Wilde
13. **A Volta ao Mundo em 80 Dias**
Júlio Verne
14. **A Carne**
Júlio Ribeiro
15. **Amor de Perdição**
Camilo Castelo Branco
16. **Sonetos**
Luís de Camões
17. **O Guarani**
José de Alencar
18. **Memórias Póstumas de Brás Cubas**
Machado de Assis
19. **Lira dos Vinte Anos**
Alvares de Azevedo
20. **Apologia de Sócrates / Banquete**
Platão
21. **A Metamorfose/Um Artista da Fome/Carta a Meu Pai**
Franz Kafka
22. **Assim Falou Zaratustra**
Friedrich Nietzsche
23. **Triste Fim de Policarpo Quaresma**
Lima Barreto
24. **A Ilustre Casa de Ramires**
Eça de Queirós
25. **Memórias de um Sargento de Milícias**
Manuel Antônio de Almeida
26. **Robinson Crusoé**
Daniel Defoe
27. **Espumas Flutuantes**
Castro Alves
28. **O Ateneu**
Raul Pompéia
29. **O Noviço / O Juiz de Paz da Roça / Quem Casa Quer Casa**
Martins Pena
30. **A Relíquia**
Eça de Queirós
31. **O Jogador**
Dostoiévski
32. **Histórias Extraordinárias**
Edgar Allan Poe
33. **Os Lusíadas**
Luís de Camões
34. **As Aventuras de Tom Sawyer**
Mark Twain
35. **Bola de Sebo e Outros Contos**
Guy de Maupassant
36. **A República**
Platão
37. **Elogio da Loucura**
Erasmo de Rotterdam
38. **Caninos Brancos**
Jack London
39. **Hamlet**
William Shakespeare
40. **A Utopia**
Thomas More
41. **O Processo**
Franz Kafka
42. **O Médico e o Monstro**
Robert Louis Stevenson
43. **Ecce Homo**
Friedrich Nietzsche
44. **O Manifesto do Partido Comunista**
Marx e Engels
45. **Discurso do Método / Regras para a Direção do Espírito**
René Descartes
46. **Do Contrato Social**
Jean-Jacques Rousseau
47. **A Luta pelo Direito**
Rudolf von Ihering
48. **Dos Delitos e das Penas**
Cesare Beccaria
49. **A Ética Protestante e o Espírito do Capitalismo**
Max Weber
50. **O Anticristo**
Friedrich Nietzsche
51. **Os Sofrimentos do Jovem Werther**
Goethe
52. **As Flores do Mal**
Charles Baudelaire
53. **Ética a Nicômaco**
Aristóteles
54. **A Arte da Guerra**
Sun Tzu
55. **Imitação de Cristo**
Tomás de Kempis
56. **Cândido ou o Otimismo**
Voltaire
57. **Rei Lear**
William Shakespeare
58. **Frankenstein**
Mary Shelley
59. **Quincas Borba**
Machado de Assis
60. **Fedro**
Platão
61. **Política**
Aristóteles
62. **A Viuvinha / Encarnação**
José de Alencar
63. **As Regras do Método Sociológico**
Émile Durkheim
64. **O Cão dos Baskervilles**
Sir Arthur Conan Doyle
65. **Contos Escolhidos**
Machado de Assis
66. **Da Morte / Metafísica do Amor / Do Sofrimento do Mundo**
Arthur Schopenhauer
67. **As Minas do Rei Salomão**
Henry Rider Haggard
68. **Manuscritos Econômico-Filosóficos**
Karl Marx
69. **Um Estudo em Vermelho**
Sir Arthur Conan Doyle
70. **Meditações**
Marco Aurélio
71. **A Vida das Abelhas**
Maurice Materlinck
72. **O Cortiço**
Aluísio Azevedo
73. **Senhora**
José de Alencar
74. **Brás, Bexiga e Barra Funda / Laranja da China**
Antônio de Alcântara Machado
75. **Eugênia Grandet**
Honoré de Balzac
76. **Contos Gauchescos**
João Simões Lopes Neto
77. **Esaú e Jacó**
Machado de Assis
78. **O Desespero Humano**
Sören Kierkegaard
79. **Dos Deveres**
Cícero
80. **Ciência e Política**
Max Weber
81. **Satíricon**
Petrônio
82. **Eu e Outras Poesias**
Augusto dos Anjos
83. **Farsa de Inês Pereira / Auto da Barca do Inferno / Auto da Alma**
Gil Vicente
84. **A Desobediência Civil e Outros Escritos**
Henry David Toreau
85. **Para Além do Bem e do Mal**
Friedrich Nietzsche
86. **A Ilha do Tesouro**
R. Louis Stevenson
87. **Marília de Dirceu**
Tomás A. Gonzaga
88. **As Aventuras de Pinóquio**
Carlo Collodi
89. **Segundo Tratado Sobre o Governo**
John Locke
90. **Amor de Salvação**
Camilo Castelo Branco
91. **Broquéis/Faróis/ Ultimos Sonetos**
Cruz e Souza
92. **I-Juca-Pirama / Os Timbiras / Outros Poemas**
Gonçalves Dias
93. **Romeu e Julieta**
William Shakespeare
94. **A Capital Federal**
Arthur Azevedo
95. **Diário de um Sedutor**
Sören Kierkegaard
96. **Carta de Pero Vaz de Caminha a El-Rei Sobre o Achamento do Brasil**
97. **Casa de Pensão**
Aluísio Azevedo
98. **Macbeth**
William Shakespeare
99. **Édipo Rei/Antígona**
Sófocles
100. **Lucíola**
José de Alencar
101. **As Aventuras de Sherlock Holmes**
Sir Arthur Conan Doyle
102. **Bom-Crioulo**
Adolfo Caminha
103. **Helena**
Machado de Assis
104. **Poemas Satíricos**
Gregório de Matos

105. Escritos Políticos / A Arte da Guerra
Maquiavel

106. Ubirajara
José de Alencar

107. Diva
José de Alencar

108. Eurico, o Presbítero
Alexandre Herculano

109. Os Melhores Contos
Lima Barreto

110. A Luneta Mágica
Joaquim Manuel de Macedo

111. Fundamentação da Metafísica dos Costumes e Outros Escritos
Immanuel Kant

112. O Príncipe e o Mendigo
Mark Twain

113. O Domínio de Si Mesmo Pela Auto-Sugestão Consciente
Emile Coué

114. O Mulato
Aluísio Azevedo

115. Sonetos
Florbela Espanca

116. Uma Estadia no Inferno / Poemas / Carta do Vidente
Arthur Rimbaud

117. Várias Histórias
Machado de Assis

118. Fédon
Platão

119. Poesias
Olavo Bilac

120. A Conduta para a Vida
Ralph Waldo Emerson

121. O Livro Vermelho
Mao Tsé-Tung

122. Oração aos Moços
Rui Barbosa

123. Otelo, o Mouro de Veneza
William Shakespeare

124. Ensaios
Ralph Waldo Emerson

125. De Profundis / Balada do Cárcere de Reading
Oscar Wilde

126. Crítica da Razão Prática
Immanuel Kant

127. A Arte de Amar
Ovídio Naso

128. O Tartufo ou O Impostor
Molière

129. Metamorfoses
Ovídio Naso

130. A Gaia Ciência
Friedrich Nietzsche

131. O Doente Imaginário
Molière

132. Uma Lágrima de Mulher
Aluísio Azevedo

133. O Último Adeus de Sherlock Holmes
Sir Arthur Conan Doyle

134. Canudos - Diário de Uma Expedição
Euclides da Cunha

135. A Doutrina de Buda
Siddharta Gautama

136. Tao Te Ching
Lao-Tsé

137. Da Monarquia / Vida Nova
Dante Alighieri

138. A Brasileira de Prazins
Camilo Castelo Branco

139. O Velho da Horta/Quem Tem Farelos?/Auto da India
Gil Vicente

140. O Seminarista
Bernardo Guimarães

141. O Alienista / Casa Velha
Machado de Assis

142. Sonetos
Manuel du Bocage

143. O Mandarim
Eça de Queirós

144. Noite na Taverna / Macário
Álvares de Azevedo

145. Viagens na Minha Terra
Almeida Garrett

146. Sermões Escolhidos
Padre Antonio Vieira

147. Os Escravos
Castro Alves

148. O Demônio Familiar
José de Alencar

149. A Mandrágora / Belfagor, o Arquidiabo
Maquiavel

150. O Homem
Aluísio Azevedo

151. Arte Poética
Aristóteles

152. A Megera Domada
William Shakespeare

153. Alceste/Electra/Hipólito
Eurípedes

154. O Sermão da Montanha
Huberto Rohden

155. O Cabeleira
Franklin Távora

156. Rubáiyát
Omar Khayyám

157. Luzia-Homem
Domingos Olímpio

158. A Cidade e as Serras
Eça de Queirós

159. A Retirada da Laguna
Visconde de Taunay

160. A Viagem ao Centro da Terra
Júlio Verne

161. Caramuru
Frei Santa Rita Durão

162. Clara dos Anjos
Lima Barreto

163. Memorial de Aires
Machado de Assis

164. Bhagavad Gita
Krishna

165. O Profeta
Khalil Gibran

166. Aforismos
Hipócrates

167. Kama Sutra
Vatsyayana

168. O Livro da Jângal
Rudyard Kipling

169. De Alma para Alma
Huberto Rohden

170. Orações
Cícero

171. Sabedoria das Parábolas
Huberto Rohden

172. Salomé
Oscar Wilde

173. Do Cidadão
Thomas Hobbes

174. Porque Sofremos
Huberto Rohden

175. Einstein: o Enigma do Universo
Huberto Rohden

176. A Mensagem Viva do Cristo
Huberto Rohden

177. Mahatma Gandhi
Huberto Rohden

178. A Cidade do Sol
Tommaso Campanella

179. Setas para o Infinito
Huberto Rohden

180. A Voz do Silêncio
Helena Blavatsky

181. Frei Luís de Sousa
Almeida Garrett

182. Fábulas
Esopo

183. Cântico de Natal/ Os Carrilhões
Charles Dickens

184. Contos
Eça de Queirós

185. O Pai Goriot
Honoré de Balzac

186. Noites Brancas e Outras Histórias
Dostoiévski

187. Minha Formação
Joaquim Nabuco

188. Pragmatismo
William James

189. Discursos Forenses
Enrico Ferri

190. Medéia
Eurípedes

191. Discursos de Acusação
Enrico Ferri

192. A Ideologia Alemã
Marx & Engels

193. Prometeu Acorrentado
Ésquilo

194. Iaiá Garcia
Machado de Assis

195. Discursos no Instituto dos Advogados Brasileiros / Discurso no Colégio Anchieta
Rui Barbosa

196. Édipo em Colono
Sófocles

197. A Arte de Curar pelo Espírito
Joel S. Goldsmith

198. Jesus, o Filho do Homem
Khalil Gibran

199. Discurso sobre a Origem e os Fundamentos da Desigualdade entre os Homens
Jean-Jacques Rousseau

200. Fábulas
La Fontaine

201. O Sonho de uma Noite de Verão
William Shakespeare

202. Maquiavel, o Poder
José Nivaldo Junior

203. Ressurreição
Machado de Assis

204. O Caminho da Felicidade
Huberto Rohden

205. A Velhice do Padre Eterno
Guerra Junqueiro

206. O Sertanejo
José de Alencar

207. Gitanjali
Rabindranath Tagore

208. Senso Comum
Thomas Paine

209. Canaã
Graça Aranha

210. O Caminho Infinito
Joel S. Goldsmith

211. Pensamentos
Epicuro

212. A Letra Escarlate
Nathaniel Hawthorne

213. **Autobiografia**
Benjamin Franklin

214. **Memórias de Sherlock Holmes**
Sir Arthur Conan Doyle

215. **O Dever do Advogado / Posse de Direitos Pessoais**
Rui Barbosa

216. **O Tronco do Ipê**
José de Alencar

217. **O Amante de Lady Chatterley**
D. H. Lawrence

218. **Contos Amazônicos**
Inglês de Souza

219. **A Tempestade**
William Shakespeare

220. **Ondas**
Euclides da Cunha

221. **Educação do Homem Integral**
Huberto Rohden

222. **Novos Rumos para a Educação**
Huberto Rohden

223. **Mulherzinhas**
Louise May Alcott

224. **A Mão e a Luva**
Machado de Assis

225. **A Morte de Ivan Ilicht / Senhores e Servos**
Leon Tolstói

226. **Álcoois e Outros Poemas**
Apollinaire

227. **Pais e Filhos**
Ivan Turguêniev

228. **Alice no País das Maravilhas**
Lewis Carroll

229. **À Margem da História**
Euclides da Cunha

230. **Viagem ao Brasil**
Hans Staden

231. **O Quinto Evangelho**
Tomé

232. **Lorde Jim**
Joseph Conrad

233. **Cartas Chilenas**
Tomás Antônio Gonzaga

234. **Odes Modernas**
Anntero de Quental

235. **Do Cativeiro Babilônico da Igreja**
Martinho Lutero

236. **O Coração das Trevas**
Joseph Conrad

237. **Thais**
Anatole France

238. **Andrômaca / Fedra**
Racine

239. **As Catilinárias**
Cícero

240. **Recordações da Casa dos Mortos**
Dostoiévski

241. **O Mercador de Veneza**
William Shakespeare

242. **A Filha do Capitão / A Dama de Espadas**
Aleksandr Púchkin

243. **Orgulho e Preconceito**
Jane Austen

244. **A Volta do Parafuso**
Henry James

245. **O Gaúcho**
José de Alencar

246. **Tristão e Isolda**
Lenda Medieval Celta de Amor

247. **Poemas Completos de Alberto Caeiro**
Fernando Pessoa

248. **Maiakósvski**
Vida e Poesia

249. **Sonetos**
William Shakespeare

250. **Poesia de Ricardo Reis**
Fernando Pessoa

251. **Papéis Avulsos**
Machado de Assis

252. **Contos Fluminenses**
Machado de Assis

253. **O Bobo**
Alexandre Herculano

254. **A Oração da Coroa**
Demóstenes

255. **O Castelo**
Franz Kafka

256. **O Trovejar do Silêncio**
Joel S. Goldsmith

257. **Alice na Casa dos Espelhos**
Lewis Carrol

258. **Miséria da Filosofia**
Karl Marx

259. **Júlio César**
William Shakespeare

260. **Antônio e Cleópatra**
William Shakespeare

261. **Filosofia da Arte**
Huberto Rohden

262. **A Alma Encantadora das Ruas**
João do Rio

263. **A Normalista**
Adolfo Caminha

264. **Pollyanna**
Eleanor H. Porter

265. **As Pupilas do Senhor Reitor**
Júlio Diniz

266. **As Primaveras**
Casimiro de Abreu

267. **Fundamentos do Direito**
Léon Duguit

268. **Discursos de Metafísica**
G. W. Leibniz

269. **Sociologia e Filosofiia**
Émile Durkheim

270. **Cancioneiro**
Fernando Pessoa

271. **A Dama das Camélias**
Alexandre Dumas (filho)

272. **O Divórcio / As Bases da Fé / e outros textos**
Rui Barbosa

273. **Pollyanna Moça**
Eleanor H. Porter

274. **O 18 Brumário de Luís Bonaparte**
Karl Marx

275. **Teatro de Machado de Assis**
Antologia

276. **Cartas Persas**
Montesquieu

277. **Em Comunhão com Deus**
Huberto Rohden

278. **Razão e Sensibilidade**
Jane Austen

279. **Crônicas Selecionadas**
Machado de Assis

280. **Histórias da Meia-Noite**
Machado de Assis

281. **Cyrano de Bergerac**
Edmond Rostand

282. **O Maravilhoso Mágico de Oz**
L. Frank Baum

283. **Trocando Olhares**
Florbela Espanca

284. **O Pensamento Filosófico da Antiguidade**
Huberto Rohden

285. **Filosofia Contemporânea**
Huberto Rohden

286. **O Espírito da Filosofia Oriental**
Huberto Rohden

287. **A Pele do Lobo / O Badejo / o Dote**
Artur Azevedo

288. **Os Bruzundangas**
Lima Barreto

289. **A Pata da Gazela**
José de Alencar

290. **O Vale do Terror**
Sir Arthur Conan Doyle

291. **O Signo dos Quatro**
Sir Arthur Conan Doyle

292. **As Máscaras do Destino**
Florbela Espanca

293. **A Confissão de Lúcio**
Mário de Sá-Carneiro

294. **Falenas**
Machado de Assis

295. **O Uraguai / A Declamação Trágica**
Basílio da Gama

296. **Crisálidas**
Machado de Assis

297. **Americanas**
Machado de Assis

298. **A Carteira de Meu Tio**
Joaquim Manuel de Macedo

299. **Catecismo da Filosofia**
Huberto Rohden

301. **Rumo à Consciência Cósmica**
Huberto Rohden

302. **Cosmoterapia**
Huberto Rohden

303. **Bodas de Sangue**
Federico García Lorca

304. **Discurso da Servidão Voluntária**
Étienne de La Boétie

305. **Categorias**
Aristóteles

306. **Manon Lescaut**
Abade Prévost

307. **Teogonia / Trabalho e Dias**
Hesíodo

308. **As Vítimas-Algozes**
Joaquim Manuel de Macedo

Série Ouro
(Livros com mais de 400 p.)

1. **Leviatã**
Thomas Hobbes

2. **A Cidade Antiga**
Fustel de Coulanges

3. **Crítica da Razão Pura**
Immanuel Kant

4. **Confissões**
Santo Agostinho

5. **Os Sertões**
Euclides da Cunha

6. **Dicionário Filosófico**
Voltaire

7. **A Divina Comédia**
Dante Alighieri

8. **Ética Demonstrada à Maneira dos Geômetras**
Baruch de Spinoza

9. **Do Espírito das Leis**
Montesquieu

10. O Primo Basílio
Eça de Queirós

11. O Crime do Padre Amaro
Eça de Queirós

12. Crime e Castigo
Dostoiévski

13. Fausto
Goethe

14. O Suicídio
Emile Durkheim

15. Odisséia
Homero

16. Paraíso Perdido
John Milton

17. Drácula
Bram Stocker

18. Ilíada
Homero

19. As Aventuras de Huckleberry Finn
Mark Twain

20. Paulo – O 13º Apóstolo
Ernest Renan

21. Eneida
Virgílio

22. Pensamentos
Blaise Pascal

23. A Origem das Espécies
Charles Darwin

24. Vida de Jesus
Ernest Renan

25. Moby Dick
Herman Melville

26. Os Irmãos Karamazovi
Dostoiévski

27. O Morro dos Ventos Uivantes
Emily Brontë

28. Vinte Mil Léguas Submarinas
Júlio Verne

29. Madame Bovary
Gustave Flaubert

30. O Vermelho e o Negro
Stendhal

31. Os Trabalhadores do Mar
Victor Hugo

32. A Vida dos Doze Césares
Suetônio

34. O Idiota
Dostoiévski

35. Paulo de Tarso
Huberto Rohden

36. O Peregrino
John Bunyan

37. As Profecias
Nostradamus

38. Novo Testamento
Huberto Rohden

39. O Corcunda de Notre Dame
Victor Hugo

40. Arte de Furtar
Anônimo do século XVII

41. Germinal
Emile Zola

42. Folhas de Relva
Walt Whitman

43. Ben-Hur — Uma História dos Tempos de Cristo
Lew Wallace

44. Os Maias
Eça de Queirós

45. O Livro da Mitologia
Thomas Bulfinch

46. Os Três Mosqueteiros
Alexandre Dumas

47. Poesia de Álvaro de Campos
Fernando Pessoa

48. Jesus Nazareno
Huberto Rohden

49. Grandes Esperanças
Charles Dickens

50. A Educação Sentimental
Gustave Flaubert

51. O Conde de Monte Cristo (Volume I)
Alexandre Dumas

52. O Conde de Monte Cristo (Volume II)
Alexandre Dumas

53. Os Miseráveis (Volume I)
Victor Hugo

54. Os Miseráveis (Volume II)
Victor Hugo

55. Dom Quixote de La Mancha (Volume I)
Miguel de Cervantes

56. Dom Quixote de La Mancha (Volume II)
Miguel de Cervantes

58. Contos Escolhidos
Artur Azevedo

59. As Aventuras de Robin Hood
Howard Pyle